HISTOIRE ROMAINE

10

Unidades.

Histoire romaine. Rédigée conformément aux programmes du 3 août 1923. Classe de cinquième, avec la collaboration de M. André Alba, professeur agrégé d'histoire détachée au collège Sainte-Barbe (fascicules 1 et 2). Fascicule 2

http://gallica.bnf.fr/ark:/12148/bpt6k9923252

Le présent ouvrage s'inscrit dans une politique de conservation patrimoniale des ouvrages de la littérature Française mise en place avec la BNF. HACHETTE LIVRE et la BNF proposent ainsi un catalogue de titres indisponibles, la BNF ayant numérisé ces œuvres et HACHETTE LIVRE les imprimant à la demande.

hachette LIVRE

HISTOIRE ROMAINE

A LA MÊME LIBRAIRIE

Nouveau cours d'Histoire, rédigé conformément aux programmes officiels de 1923, par M. Albert MALET et M. Jules ISAAC.

L'Orient et la Grèce. Classe de Sixième.
1re PARTIE. *L'Orient.*
2e PARTIE. *La Grèce.*

Histoire romaine. Classe de Cinquième, avec la collaboration de M. André ALBA, professeur agrégé d'Histoire au Collège Sainte-Barbe.

Les volumes suivants paraitront d'année en année, au fur et à mesure de la mise en application des nouveaux programmes.

Cours complet d'Histoire, rédigé conformément aux programmes officiels du 31 mai 1902, par M. Albert MALET. Cinq volumes in-16, avec gravures et cartes, cartonnés :

Les Temps modernes (1498-1789). Classe de Quatrième A et B.

L'Époque contemporaine (1789-1920). Classe de Troisième A et B.

Histoire moderne (1498-1715). Classe de Seconde.

Dix-huitième siècle, Révolution et Empire (1715-1815). Classe de Première.

Dix-neuvième siècle (1815-1920). Avec la collaboration de M. Pierre GRILLET, professeur agrégé de l'Université, et l'histoire succincte de la guerre, par M. J. ISAAC. Classes de Philosophie et de Mathématiques.

91343. — Imprimerie LAHURE, 9, rue de Fleurus, à Paris.

COURS COMPLET D'HISTOIRE
A L'USAGE DE L'ENSEIGNEMENT SECONDAIRE

Albert MALET
Ancien Professeur agrégé d'Histoire
au Lycée Louis-le-Grand.

Jules ISAAC
Professeur agrégé d'Histoire
au Lycée Saint-Louis.

HISTOIRE ROMAINE

Rédigée conformément aux programmes du 3 Août 1923.

CLASSE DE CINQUIÈME

AVEC LA COLLABORATION DE
M. ANDRÉ ALBA
Professeur agrégé d'Histoire, détaché au Collège Sainte-Barbe

LIBRAIRIE HACHETTE
79, BOULEVARD SAINT-GERMAIN, PARIS

1925

CHAPITRE XII

LA CONQUÊTE DU BASSIN DE LA MÉDITERRANÉE

Dans le cours du second siècle av. J.-C., les Romains étendirent progressivement leur domination sur tout le bassin de la Méditerranée. A la politique de protectorat, ils finirent par préférer l'annexion des territoires.

Du côté de l'Est, les Romains vainquirent les rois de Macédoine et de Syrie. Ils annexèrent la Macédoine (148), la Grèce (146) et une partie de l'Asie Mineure (129). Les rois de Syrie devinrent leurs vassaux.

A l'Ouest, Scipion Emilien détruisit Carthage (146) et acheva la conquête de l'Espagne (133). Pour réunir l'Espagne à l'Italie, les Romains annexèrent le Sud-Est de la Gaule (125-121).

LA POLITIQUE DE CONQUÊTE

Pendant les guerres puniques, Rome avait commencé à s'étendre hors de l'Italie. Dans le cours du second siècle, elle établit sa domination sur tout le bassin de la Méditerranée, à l'Est comme à l'Ouest. Cependant les Romains ne s'engagèrent pas sans hésitation dans la voie des conquêtes et des annexions. A cet égard, on peut distinguer deux périodes dans la politique romaine.

Tout d'abord les Romains se contentèrent de pratiquer une *politique d'équilibre*, de *protectorat* et de *morcellement*. Ils combattirent les principaux souverains helléniques, les rois de Macédoine et de Syrie, pour les empêcher de devenir trop puissants. Vainqueurs, ils les réduisirent simplement à l'état d'alliés, c'est-à-dire de vassaux. Ils reconnurent l'indépendance des cités grecques. Ayant dû combattre une seconde fois la Macédoine, ils se bornèrent à la démembrer, sans annexer aucun territoire.

Puis, vers le milieu du second siècle, la politique romaine changea : elle devint une *politique de conquêtes et d'annexions*. En une vingtaine d'années, les Romains annexèrent la Macédoine, la Grèce, le territoire de Carthage, une partie de l'Asie Mineure, le sud-est de la Gaule : tous ces territoires furent transformés comme la Sicile et l'Espagne en *provinces romaines*.

Ce changement de politique fut principalement l'œuvre des financiers devenus de plus en plus nombreux et puissants à Rome sous le nom de *publicains*[1]. Ceux-ci poussèrent aux guerres de conquêtes et à la formation de nouvelles provinces parce qu'ils y voyaient un moyen d'étendre leurs affaires et de s'enrichir rapidement. Ils surent forcer la main aux sénateurs en les intéressant à leurs spéculations. *Aussi peut-on dire que la conquête romaine fut une vaste opération financière.*

I

CONQUÊTE DE L'ORIENT. LES GUERRES DE MACÉDOINE

LE MONDE ORIENTAL AU DÉBUT DU SECOND SIÈCLE

L'Orient était le domaine de la civilisation hellénique dont tous les peuples admiraient encore l'éclat. On y trouvait trois monarchies puissantes, riches et bien organisées : les *royaumes d'Egypte, de Macédoine et de Syrie*, fondés par les généraux d'Alexandre. La dynastie des *Lagides* régnait sur l'Égypte, la dynastie des *Antigonides* sur la Macédoine, celle des *Séleucides* sur la Syrie[2].

Les rois d'Égypte, qui régnaient à Alexandrie, étaient peut-être les plus riches, mais c'étaient des souverains pacifiques, préoccupés surtout de développer et de protéger le commerce de leur État. Ils étaient entrés dès le troisième siècle en relations amicales avec les Romains et leur avaient fourni du blé pendant les guerres puniques. Rome qui n'avait rien à redouter d'eux s'en fit des alliés fideles.

Au contraire, les rois de Macédoine et de Syrie étaient des princes ambitieux et guerriers. *Philippe V de Macédoine* prétendait remettre toute la Grèce en tutelle ; il avait été l'allié d'Hannibal contre les Romains. En Syrie, *Antiochos III le Grand* avait

1. Voir ci-dessous, chapitre XIV, page 163.
2. Voir *l'Orient et la Grece*, classe de Sixième, chapitre XXIV.

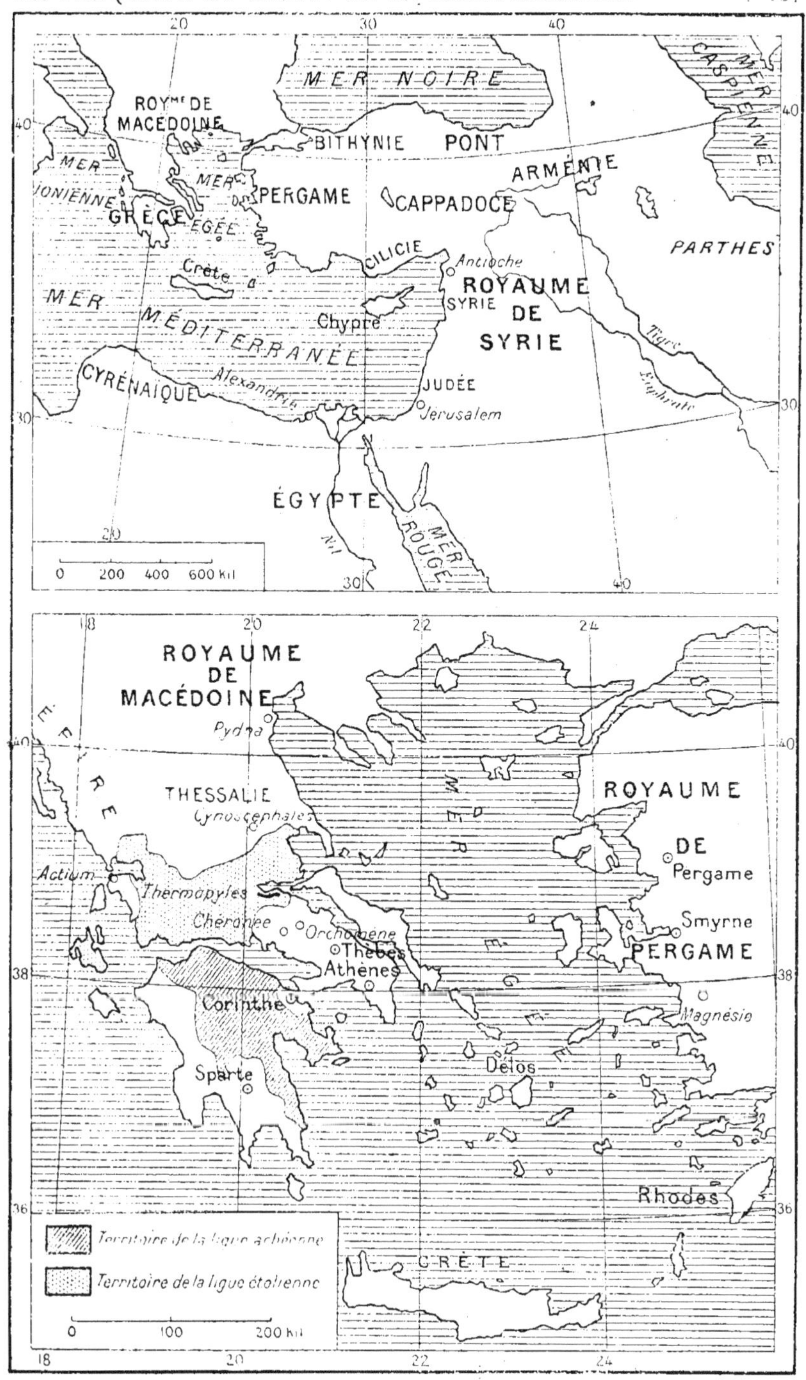

L'Orient et la Grèce, avant la conquête romaine.

rétabli son autorité jusqu'aux rives de l'Indus. Les deux princes s'étaient mis d'accord pour attaquer et partager l'Égypte.

Autour de ces empires, il y avait encore en Orient un grand nombre d'États de moindre importance, tels que les *royaumes de Pergame* et du *Pont* en Asie Mineure, la république maritime de *Rhodes* dans la mer Égée. Quant à la *Grèce* elle-même, elle offrait tous les caractères de la décadence : à l'intérieur de chaque cité, des luttes acharnées mettaient aux prises les riches et les pauvres, en même temps que subsistaient les anciennes rivalités de peuple à peuple. Deux nouvelles confédérations s'étaient formées, la *ligue étolienne* au Nord, la *ligue achéenne* dans le Péloponèse : mais les Etoliens n'étaient occupés que de brigandages, et les Achéens étaient affaiblis par leur rivalité avec Sparte.

ROME EN ORIENT

Rome sut très habilement profiter des divisions du monde hellénique. Elle agit par la diplomatie autant que par les armes : multipliant les promesses et les bonnes paroles, elle trouva dans tout l'Orient des alliés à opposer à ses principaux adversaires qui furent les rois de Macédoine.

Les Romains durent soutenir *quatre guerres* pour établir leur domination sur la Méditerranée orientale.

La *première guerre de Macédoine* (200-197) fut marquée par la victoire des Romains à *Cynoscéphales* (197). Philippe V vaincu dut accepter l'alliance romaine.

La *guerre de Syrie* (192-188) fut marquée par la victoire des Romains à *Magnésie*. Antiochos fut à son tour désarmé et réduit à l'état de vassal.

La *deuxième guerre de Macédoine* (172-168) se termina par la victoire des Romains à *Pydna* et le démembrement de la Macédoine (168).

Enfin, après une *quatrième guerre* (149-146), la *Macédoine* et la *Grèce* révoltées furent soumises et réduites à l'état de province romaine.

LA PREMIÈRE GUERRE DE MACÉDOINE

Dès que Rome eut vaincu Carthage, elle se retourna contre Philippe de Macédoine dont elle redoutait l'ambition et qu'elle voulait punir de son alliance avec Hannibal. Se posant en protecteur de la Grèce et de l'Égypte, le Sénat romain somma le roi de Macédoine de renoncer à ses projets belliqueux; sur son refus, la guerre fut déclarée (200).

Après deux ans d'une lutte indécise, les Romains envoyèrent en Grèce le consul *Flamininus*; c'était un noble romain, habile et instruit, qui aimait à parler grec et avait beaucoup d'admiration pour la civilisation grecque. Flamininus se rendit populaire en Grèce et obtint l'alliance de plusieurs peuples contre Philippe. Avec l'aide de la cavalerie étolienne, il remporta une grande victoire à **Cynoscéphales** en Thessalie (197).

Photo Hachette.

PHILIPPE V DE MACÉDOINE.
Bibliothèque Nationale.
Cabinet des Médailles.

Philippe V appartenait à cette famille ambitieuse et remuante des Antigonides qui, chassée d'Asie par la défaite d'Ipsos (v. l'Orient et la Grèce, *page 383*), *s'était emparée du royaume de Macédoine. Après avoir rêvé de dominer l'Orient et la Grèce, il fut contraint de désarmer et d'accepter la tutelle romaine.*

Philippe V dut signer une paix humiliante par laquelle il abandonnait tous les territoires qu'il possédait hors de la Macédoine et acceptait l'alliance, c'est-à-dire la tutelle, de Rome. Puis Flamininus se rendit aux Jeux Isthmiques que les Grecs célébraient alors à Corinthe et fit proclamer solennellement, au milieu d'un enthousiasme indescriptible, *l'indépendance des cités grecques* (196)[1]. En réalité, cette politique était aussi habile que généreuse : la Grèce divisée était inoffensive.

GUERRE DE SYRIE

A la guerre contre le roi de Macédoine succéda presque immédiatement la *guerre contre le roi de Syrie*, Antiochos. Celui-ci, fier de son immense empire, se considérait comme le successeur d'Alexandre et des Grands Rois. Il devint suspect aux Romains quand il eut recueilli à sa cour leur ennemi mortel, Hannibal, qu'ils avaient fait chasser de Carthage (195). Cependant la guerre ne fut pas provoquée par Rome : elle le fut par les *Étoliens*, furieux de n'avoir tiré aucun profit de la victoire de Cynoscéphales qui,

1. Voir *L'Orient et la Grèce*, page 398 (citation de Polybe).

à les entendre, avait été gagnée par eux. En 192, ils rompirent avec Rome et appelèrent en Grèce Antiochos.

Ces nouveaux adversaires furent facilement vaincus. Dès 191, les Romains battirent Antiochos aux *Thermopyles* et le chassèrent de Grèce. Puis le consul *Lucius Scipion*, accompagné de son frère Scipion l'Africain, passa en Asie Mineure : la campagne se termina par la déroute des Syriens à ***Magnésie***, près de Smyrne (190). Le roi de Syrie dut signer à son tour une paix humiliante : il renonçait à tous les territoires qu'il avait conquis en Asie Mineure, livrait tous ses navires de guerre sauf dix, s'engageait à ne jamais attaquer un allié du peuple romain et à remettre aux Romains leurs principaux ennemis, parmi lesquels Hannibal (188).

Hannibal se réfugia auprès de *Prusias*, roi de Bithynie, sur la côte nord-ouest de l'Asie Mineure. Peu après, en 183, Flamininus exigea du roi qu'il lui fût livré. « Hannibal avait depuis longtemps pressenti ce dénouement.... Se sentant entouré de périls, il avait pratiqué dans sa demeure sept issues, dont quelques-unes secrètes afin qu'on n'y pût mettre des gardes. Il essaya de fuir par une porte dérobée qu'il croyait ignorée de tous : mais il s'aperçut aussitôt qu'elle était gardée par des sentinelles et de même toutes les autres issues. Alors il demanda du poison qu'il tenait depuis longtemps en réserve pour une semblable circonstance.... Ensuite ayant prononcé des imprécations contre Prusias et son royaume, et invoqué les dieux vengeurs de l'hospitalité trahie, il but le poison. Ainsi finit Hannibal. » (TITE LIVE. livre XXXIX, trad. Gaucher.)

PREMIÈRES DIFFICULTÉS ENTRE ROME ET LA GRÈCE

Fidèle à ses principes, le Sénat n'avait prononcé aucune annexion il avait remis les territoires cédés par ses ennemis à ses alliés de Grèce et d'Asie. Il avait respecté l'indépendance des Grecs. Seuls les Étoliens, qui lui avaient fait la guerre, avaient dû reconnaître le protectorat romain. *Il suffisait à Rome que les grands États fussent affaiblis et que la Grèce restât divisée.*

Cependant de jour en jour les Romains devenaient moins favorables aux Grecs. Le mauvais gouvernement des cités, leurs incessantes rivalités, les guerres civiles entre riches et pauvres, la cruauté et l'avidité des vainqueurs, la lâcheté des vaincus, tous ces vices des Grecs de la décadence choquaient les Romains, leur faisaient mépriser ce peuple qu'ils avaient d'abord traité en ami. C'était le moment où, à Rome, *Caton le Censeur* rendait les Grecs responsables du relâchement des

Photo Giraudon.

PERSÉE, ROI DE MACÉDOINE.

Musée du Louvre.

Chevelure et barbe bien bouclées, mais visage sans caractère. Le dernier roi de Macédoine eut un sort plus humiliant encore qu'Antiochos : fait prisonnier, il orna le triomphe de son vainqueur Paul-Émile et mourut en captivité quelques années plus tard.

Photo Giraudon.

ANTIOCHOS III, ROI DE SYRIE.

Musée du Louvre.

Antiochos porte autour des cheveux le bandeau royal ou diadème. *Il a le visage rasé à la romaine. Ce prince ambitieux qui se considérait comme le successeur des « Grands Rois » dut subir, comme Philippe de Macédoine, l'humiliant protectorat de Rome.*

mœurs qui commençait à se manifester dans la société romaine[1].

De leur côté, les Grecs étaient bien revenus de leur premier mouvement d'enthousiasme. Ils trouvaient que le Sénat se mêlait trop de leurs affaires intérieures et que l'amitié romaine ressemblait à une tutelle. En Grèce, comme partout ailleurs, Rome favorisait les riches, l'aristocratie : aussi les pauvres et les démocrates, cherchant un appui contre les Romains, se tournèrent-ils vers le roi de Macédoine.

DEUXIÈME GUERRE DE MACÉDOINE

Philippe V préparait sa revanche. Pour fortifier sa haine contre Rome, il se faisait, dit-on, lire chaque jour le traité qui lui avait été imposé en 196. Quand il mourut (179), son fils *Persée* hérita de ses projets de vengeance. Secrètement il accrut son armée et conclut des

1. Voir ci-dessous, page 160.

alliances. Mais le Sénat, bien renseigné sur ses menées, saisit le premier prétexte pour lui déclarer la guerre (172).

L'armée macédonienne était encore redoutable. Pendant trois ans, les légions romaines, mal commandées, furent tenues en échec. Enfin, en 168, le Sénat envoya en Grèce le consul *Paul Emile*, bon citoyen et chef expérimenté : Paul Émile rétablit la discipline, entraîna ses troupes par des exercices continuels et réussit à écraser la phalange macédonienne à ***Pydna*** (168).

Le triomphe que célébra Paul-Émile fut le plus magnifique que Rome eût encore vu. Les sommes d'argent rapportées de Macédoine furent si élevées que le Sénat put abolir le *tributum* — l'impôt direct que payaient les citoyens.

Voici comment l'historien grec Plutarque décrit ce triomphe, qui dura trois jours. « Le premier jour suffit à peine aux statues captives, aux tableaux, aux colosses portés sur 200 chariots. Le lendemain, passent sur un grand nombre de chariots les armes les plus belles et les plus riches des Macédoniens... puis 3000 hommes portent l'argent monnayé dans 750 vases du poids de trois talents (90 kilogrammes) tenus chacun par quatre hommes; d'autres sont chargés de cratères d'argent, de coupes.... Le troisième jour, derrière cent bœufs destinés au sacrifice, marchent ceux qui portent l'or monnayé distribué dans des vases pesant chacun trois talents, en tout 77 vases. » A leur suite viennent les enfants de Persée et Persée lui-même « vêtu d'une robe brune, portant des pantoufles macédoniennes.... Après ce groupe viennent 400 couronnes d'or, envoyées à Paul Emile par les villes avec des députations. Enfin paraît le triomphateur, monté sur un char magnifiquement orné.... Le laurier en main arrive toute l'armée, suivant le char du général, chantant tour à tour des chansons nationales, mêlées de brocards satiriques, avec des péans de victoire en l'honneur de Paul Emile. » (PLUTARQUE, *Vie de Paul Émile*, trad. Talbot.)

CONSÉQUENCES DE PYDNA

La victoire de Pydna fut décisive. Les Romains, n'ayant plus aucun adversaire à redouter, agirent désormais en maîtres non seulement en Macédoine et en Grèce, mais dans tout l'Orient.

Le royaume de Macédoine fut détruit. La Macédoine fut divisée en quatre territoires distincts, qui devaient être tributaires de Rome et n'avoir aucun rapport entre eux.

Les Grecs furent durement traités, bien que, pour la plupart, ils n'eussent pas osé se prononcer franchement pour la Macédoine. En Epire, où Persée avait trouvé un appui, 70 villes furent mises à sac et 150 000 habitants vendus comme esclaves. Même les anciens alliés de Rome furent traités en suspects et durent livrer des otages qui furent déportés en Italie : parmi eux se trouvait l'historien *Polybe*.

En *Asie*, la politique romaine se fit également impérieuse et brutale. Le roi de Pergame, accusé d'avoir négocié secrètement avec Persée, perdit une partie de son territoire et on lui interdit de venir à Rome se justifier. La terreur du nom romain se répandit dans tout l'Orient; les princes d'Asie rivalisèrent d'humilité à l'égard du vainqueur.

Prusias, roi de Bithynie, vint à Rome, peu après Pydna : « Lorsque les députés romains envoyés au-devant de lui se présentèrent à sa vue, il alla à leur rencontre la tête rasée, affublé du bonnet, de la robe, de la chaussure, de tout le costume enfin des affranchis. Il les salua : Vous voyez, dit-il, en moi votre affranchi, dont le seul désir est de vous plaire et de vous imiter... Quand il s'agit de se présenter devant le sénat, il se tint debout contre la porte placée en face des sénateurs, et les mains abaissées, baisa le seuil et se prosternant devant l'assemblée : Salut! s'écria-t-il, ô mes dieux sauveurs! » A la même époque, Antiochos IV de Syrie, qui venait d'envahir l'Égypte, vit venir à lui le préteur Popilius qui le somma d'évacuer le pays. Il demanda le temps de réfléchir. « Popilius traça un cercle autour de lui avec une baguette qu'il portait à la main et le somma de répondre sans en sortir. Le roi, stupéfait de tant d'audace, hésita quelque temps, mais enfin : Je ferai, dit-il, tout ce que veut le peuple romain. » (POLYBE, liv. XXIX et XXX, trad. Bouchot.)

ANNEXION DE LA MACÉDOINE ET SOUMISSION DE LA GRÈCE

Cependant les Macédoniens et les Grecs supportaient avec impatience la tutelle romaine, de plus en plus pesante. Vingt ans après Pydna, une insurrection éclata en Macédoine (149) : le chef en était un certain *Andriscos* qui se faisait passer pour le fils de Persée. Après avoir remporté quelques succès, il fut battu et pris (148). *La Macédoine fut réduite en province romaine.*

Deux ans plus tard, les Grecs à leur tour se soulevèrent contre Rome. Les chefs du parti démocratique, *Diæos* et *Critoalos* avaient pris la direction de la ligue achéenne. Ils réussirent à entraîner dans la révolte une partie des Grecs. Mais le consul *Mummius* écrasa l'armée grecque à *Leucopetra* près de Corinthe (146). La répression fut terrible : les troupes de Mummius pillèrent et incendièrent Corinthe; Thèbes fut rasée, la ligue achéenne dissoute, le gouvernement confié aux riches dans toutes les cités, tandis que les membres du parti vaincu étaient massacrés ou réduits en esclavage. La Grèce ne forma pas une province romaine distincte; elle fut placée *sous la surveillance du gouverneur de la Macédoine*. Parmi les cités grecques, les unes, comme Athènes et Sparte, restèrent alliées du peuple romain: les autres devinrent sujettes ou tributaires.

LA PROVINCE D'ASIE

Quelques années plus tard, en 133, le roi de Pergame mourut sans postérité, laissant par testament ses biens au peuple romain. Le Sénat fit de son royaume la *province d'Asie* (129). Comme les rois de Syrie et d'Egypte étaient devenus les alliés dociles de Rome, la domination romaine s'exerçait sur tout le bassin de la Méditerranée orientale.

II

CONQUÊTE DE L'OCCIDENT

ROME EN OCCIDENT

A la fin de la seconde guerre punique, Rome dominait la Méditerranée occidentale; mais ses possessions directes ne comprenaient que l'Italie, la Sicile, la Sardaigne, la Corse et la partie orientale de l'Espagne. Encore sa domination était-elle mal affermie dans le nord de l'Italie et en Espagne. Au second siècle, en même temps qu'elle intervenait en Orient, elle continua d'étendre ses conquêtes en Occident. De ce côté elle n'eut pour adversaires, à l'exception de Carthage, que des *peuples à demi barbares*, Ligures, Gaulois et Espagnols: mais ils lui offrirent une résistance plus acharnée que les États civilisés de l'Orient.

Les principales guerres entreprises en Occident par les Romains furent :

1° les *guerres contre les Gaulois cisalpins et les Ligures* (198-180) qui aboutirent à la soumission de l'Italie du Nord;

2° la *troisième guerre punique* qui se termina par la destruction de Carthage et la formation de la *province d'Afrique* (149-146);

3° la *guerre d'Espagne* (154-133), dont les principaux épisodes furent la résistance du chef espagnol *Viriathe* et le siège de *Numance*;

4° *l'intervention en Gaule transalpine* (125-121) qui aboutit à la formation d'une grande province à l'Ouest des Alpes.

CISALPINS ET LIGURES

Dans l'Italie du Nord, les Romains reprirent sans tarder l'œuvre de conquête et de colonisation qui avait été presque anéantie par Hannibal. Les *Gaulois* dans la plaine du Pô, les *Ligures* dans les montagnes qui bordent le golfe de Gênes, se défendirent avec acharnement (198-180). Il fallut exterminer ou transporter en masse les peuplades les plus belliqueuses, construire des routes, fonder de nouvelles colonies. De cette manière, l'Italie du Nord fut non seulement soumise, mais romanisée.

LA TROISIÈME GUERRE PUNIQUE

Depuis qu'Hannibal avait été chassé de Carthage, les Carthaginois s'étaient montrés alliés dociles des Romains ; ils se bornaient à développer leur industrie et leur commerce. Cependant certains Romains, comme *Caton*, un ancien combattant de la seconde guerre punique, conservaient à leur égard une méfiance hostile.

Après Pydna, lorsque Rome fut devenue toute-puissante en Orient, elle cessa de ménager Carthage dont la richesse excitait sa jalousie. *Massinissa*, roi de Numidie, fort de son titre d'allié du peuple romain, put ravager impunément le territoire carthaginois. En 153, Carthage ayant fait appel à la médiation de Rome, la commission envoyée par le Sénat donna raison à Massinissa, et le vieux Caton, qui en faisait partie, revint plus acharné que jamais dans sa haine contre la patrie d'Hannibal; dès lors il n'eut plus qu'une idée fixe : détruire Carthage. Quel que fût le sujet de ses discours, il les terminait toujours par la même phrase : « *Delenda est Carthago!* Il faut détruire Carthage ».

Photo Hachette.

MASSINISSA, ROI DE NUMIDIE.
Bibliothèque Nationale.
Cabinet des Médailles.

Le type physique — lèvres épaisses, figure osseuse, barbe peu fournie — est très proche du type moderne des Berbères ou Kabyles. Chef numide, Massinissa fut un des plus précieux alliés de Rome contre Carthage. Entre la seconde et la troisième guerre punique, les Romains encouragèrent toutes les incursions de Massinissa en territoire carthaginois et se servirent de lui pour provoquer Carthage.

Son opinion finit par prévaloir. En 151, Massinissa ayant

renouvelé ses razzias, les Carthaginois prirent les armes et le repoussèrent. Le Sénat les accusa aussitôt d'avoir violé le traité de 201, en faisant la guerre sans l'autorisation de Rome. Une armée romaine fut envoyée en Afrique. Humblement, Carthage s'en remit alors à la merci des Romains. Le consul exigea qu'on lui livrât les armes et le matériel de guerre; puis, quand les Carthaginois eurent tout livré, il leur ordonna d'évacuer leur ville et de se retirer à quinze kilomètres à l'intérieur des terres.

LA FIN DE CARTHAGE

Indignés de cette perfidie, réduits au désespoir, les Carthaginois décidèrent la lutte à outrance. Ils démolirent les maisons pour en arracher les poutres, construire des vaisseaux et des machines; les femmes, dit-on, donnèrent leurs cheveux pour tisser des cordages. L'élan patriotique fut tel que pendant deux ans les Romains furent repoussés. En 147, le Sénat confia la direction de la guerre à ***Scipion Emilien***, fils de Paul Emile et petit-fils par adoption de Scipion l'Africain. Tout jeune encore, il ne briguait que l'édilité, mais il fut, par mesure exceptionnelle, élu consul. Aussitôt arrivé en Afrique, il bloqua Carthage par une muraille du côté de la terre et ferma le port par une digue. Les habitants affamés tentèrent une sortie en perçant le rocher qui abritait le port : ils furent refoulés. Enfin les Romains purent pénétrer dans la ville. Ce fut un assaut terrible qui dura six jours et six nuits. Les défenseurs, réfugiés dans les ruelles escarpées qui montaient à la citadelle de Byrsa, disputaient le terrain pied à pied. Les cadavres formaient de tels monceaux qu'il fallait, dit-on, les écarter à la fourche pour avancer. Pressés de toutes parts, les 30000 hommes qui défendaient la citadelle se rendirent avec leur chef Hasdrubal. La femme d'Hasdrubal et un millier de transfuges se retirèrent dans un temple, y mirent le feu et périrent dans les flammes (146).

Carthage fut entièrement détruite, rasée jusqu'au niveau du sol : on déclara son emplacement maudit et il fut interdit de jamais rebâtir une ville en ce lieu. Le territoire carthaginois forma la *province d'Afrique* avec *Utique* pour capitale.

LA CONQUÊTE DE L'ESPAGNE

L'Espagne orientale avait été conquise sur les Carthaginois par Scipion l'Africain. Mais les indigènes ne cessaient de se révolter contre la domination romaine; d'ailleurs les gouverneurs romains se montraient presque tous d'une cupidité et d'une mauvaise foi

SOLDATS ROMAINS FAISANT LA TORTUE.

D'après les bas-reliefs de la colonne Trajane.

Pour donner l'assaut, les légionnaires romains formaient la tortue : *à l'exception des hommes du premier rang et de ceux qui étaient placés sur les côtés, ils tenaient leurs boucliers horizontalement au-dessus de leurs têtes pour se protéger contre les projectiles lancés d'en haut. La colonne d'attaque ressemblait ainsi à une tortue dans sa carapace.*

indignes. L'un d'eux, *Galba*, vaincu par les Espagnols, feignit de traiter avec eux, leur donna des champs et, quand ils furent dispersés et désarmés, en fit égorger plusieurs milliers. Mis en accusation à Rome par Caton, il fut acquitté.

Le plus redoutable adversaire que les Romains trouvèrent en Espagne fut un simple berger, ***Viriathe***, qui, huit années durant (147-139), les tint en échec par une guerre d'embuscade très meurtrière, semblable aux *guerillas* qui arrêtèrent les armées de Napoléon. Un consul s'humilia jusqu'à traiter avec lui : « Il y aura paix à l'avenir entre le peuple romain et Viriathe, et chaque parti conservera ce qu'il possède. » Les Romains ne purent se débarrasser du chef espagnol qu'en le faisant assassiner.

La lutte finit par se concentrer autour de la ville de ***Numance***, située vers la source du Douro. Les Numantins se défendirent

MACHINES DE GUERRE DE L'ARMÉE ROMAINE

Reconstitutions du musée de Saint-Germain.

Pour les sièges des places fortes, les Romains disposaient d'une véritable artillerie. Les machines représentées ci-dessus sont d'une époque postérieure, mais, sauf quelques perfectionnements, elles ne doivent pas différer beaucoup de celles qui ont été employées devant Carthage et Numance. En haut, deux catapultes, *grosses arbalètes que l'on tendait avec le cabestan placé à l'arrière et qui lançaient des flèches : montées sur trépied, elles ressemblent à nos mitrailleuses. En bas, grande* baliste *ou* scorpion : *à l'aide des leviers qu'on aperçoit à l'avant du chariot, on ramenait jusqu'à terre le bras de la baliste auquel est suspendu un filet contenant le projectile — un boulet de pierre — ; la détente des cordes qui reliaient le bras aux leviers projetait le boulet en avant. On ne connaît pas la portée exacte de ces machines : elle ne devait pas dépasser 200 à 300 mètres.*

avec tant d'acharnement et la campagne était si dure qu'à Rome on ne trouvait plus de soldats pour aller faire la guerre en Espagne. Les Romains subirent de nombreux échecs ; le consul Mancinus se laissa cerner et prendre avec 20000 hommes. Pour en finir, on envoya en Espagne le vainqueur de Carthage, Scipion Émilien. Après avoir rétabli dans les légions une discipline sévère, Scipion bloqua étroitement la ville qu'il avait décidé de prendre par la famine. Les Numantins résistèrent plusieurs mois; ils ne se rendirent qu'à la dernière extrémité, mourants de faim; leur ville fut entièrement détruite (133).

La capitulation de Numance marque la fin de la résistance espagnole. A l'exception de la région montagneuse du Nord-Ouest, l'Espagne était définitivement soumise.

LA TRANSALPINE

Maîtres de l'Espagne, les Romains songèrent bientôt à s'établir dans le Sud de la Gaule transalpine pour relier leur grande province occidentale à l'Italie. La riche cité grecque de Marseille était leur alliée : elle eut l'imprudence d'appeler les Romains à l'aide contre les montagnards voisins (125). Les légions aussitôt entrèrent en Gaule et y restèrent. Non loin de Marseille fut fondée la colonie romaine d'*Aix* (124).

Quelques années plus tard, les Romains s'attaquèrent au peuple des *Allobroges*, établi dans les montagnes du Dauphiné. Le roi des Arvernes, *Bituit*, qui exerçait alors une véritable suzeraineté sur toute la Gaule, vint au secours des Allobroges. Monté sur un char de guerre argenté, accompagné de ses chiens de chasse, il commandait à 200 000 Gaulois. Les Romains n'étaient que 30 000; quand Bituit les aperçut : « Il y en aura à peine pour mes chiens! » s'écria-il. Mais les bandes gauloises — une cohue indisciplinée — se firent battre et massacrer par les légions romaines (121). Bituit fut pris par trahison et envoyé à Rome. Le Sénat annexa alors tout le Sud-Est de la Gaule, depuis les environs de Lyon et de Genève jusqu'à Toulouse : ce territoire fut appelé la *Province romaine* ou simplement la *Province* — d'où le nom actuel de Provence —; on l'appela plus tard *Narbonnaise*, du nom de sa capitale, *Narbonne*, fondée en 118.

Ainsi à la fin du second siècle avant J.-C., les Romains dominaient directement ou indirectement tous les rivages de la Méditerranée[1]. C'est à bon droit qu'ils pouvaient l'appeler « *mare nostrum — notre mer* ».

1. Voir ci-dessous la *carte des conquêtes romaines*, page 233.

CHAPITRE XIII

LES CONSÉQUENCES DES GRANDES CONQUÊTES
LE DÉVELOPPEMENT DU LUXE
L'HELLÉNISME A ROME

La conquête du bassin de la Méditerranée eut pour conséquence une transformation complète des mœurs et du caractère même des Romains.

Prodigieusement enrichis par le pillage des pays grecs et orientaux, les Romains prirent le goût du luxe, des habitations somptueuses, des repas copieux et raffinés, mais ils perdirent aussi beaucoup des vertus familiales et civiques qui avaient fait jadis la force de l'Etat romain.

Du moins, sous l'influence des Grecs, l'élite de la société romaine apprit à s'intéresser aux lettres et aux arts. Rome s'embellit de nombreux monuments de style grec et l'on vit paraître les premières œuvres de la littérature latine. Ainsi commence à se former la civilisation gréco-romaine qui se répandra dans toute l'Europe occidentale.

I

LE DÉVELOPPEMENT DU LUXE

LA VIE A ROME APRÈS LES CONQUÊTES

A partir de la fin de la seconde guerre punique la manière de vivre et de penser des Romains changea complètement. Dans la vie matérielle, c'est-à-dire la façon de se loger, de se vêtir, de se nourrir, cette transformation se caractérise par le ***développement du luxe***; dans la vie intellectuelle et morale elle se caractérise par l'***adoption des idées et de la civilisation helléniques***.

ENRICHISSEMENT DES ROMAINS

Jusqu'au début du second siècle av. J.-C., Rome avait été une cité pauvre : elle n'avait connu la monnaie d'argent qu'au temps des guerres samnites. Brusquement, en moins d'un siècle, elle devint la ville la plus riche du monde parce que les guerres de conquête avaient été avant tout des guerres de pillage.

Sur tous les peuples qu'ils avaient vaincus, les Romains avaient prélevé un immense butin : objets précieux, bétail, esclaves. Certains soldats avaient dans l'armée la mission spéciale de faire du butin; et il arrivait souvent qu'on prît tout ce qu'on trouvait; au dire des habitants d'Ambracie, une ville d'Épire, les Romains n'avaient laissé derrière eux que « des murailles nues et les montants des portes ». Ce butin était distribué pour une part aux généraux et aux soldats, mais le reste allait au Trésor public qui gardait l'or et l'argent, et vendait le surplus aux enchères. Après la victoire de Pydna et la défaite de Persée, en 167, le butin fut si grand que le Sénat put supprimer l'impôt direct que les citoyens payaient jusqu'alors.

LE DÉVELOPPEMENT DU LUXE

D'autre part, les Romains avaient pu voir de près le luxe dont s'entouraient les monarchies hellénistiques d'Asie mineure ou de Macédoine. Rentrés en Italie, ils ne voulurent plus se contenter de la vie simple et rude de leurs aïeux.

Tite Live a bien exprimé ce changement : « Ce fut, dit-il, l'armée d'Asie (celle qui battit Antiochos le Grand à Magnésie) qui introduisit dans Rome le luxe étranger; c'est avec elle qu'y entrèrent, pour la première fois, les lits ornés d'airain, les couvertures précieuses, les tapisseries et autres tissus de prix et, ce qui passait pour un grand luxe d'ameublement, les guéridons et les buffets. C'est alors qu'on fit venir dans les festins les joueuses de cithare et les divertissements des histrions (comédiens) et que les repas exigèrent plus d'apprêts et de dépenses. » (Tite Live, liv. XXXIX, trad. Gaucher).

Ce luxe fut d'ailleurs souvent un *luxe de parvenus*, plus préoccupés d'éblouir par l'étalage de leur fortune que de vivre eux-mêmes confortablement.

LE LUXE DE L'HABITATION

L'ancienne maison, avec sa pièce centrale, le sombre *atrium*, à la fois cuisine, salle à manger, chambre à coucher et sanctuaire des dieux familiaux, ne suffit plus, si ce n'est aux pauvres gens : encore ceux-ci commencèrent-ils à habiter des appartements étroits et insa

UNE VILLE LATINE.

Fragment de bas-relief représentant une ville de l'Italie centrale. Essai de restauration de la même ville.

Ce bas-relief donne l'aspect des rues et des maisons. Ces maisons sont à plusieurs étages : elles ont des toits inclinés comme les nôtres et non pas des terrasses comme les maisons grecques.

lubres dans de grandes maisons de rapport à trois ou quatre étages. Les riches se firent construire, surtout au Nord de la ville, sur la *Colline des Jardins*, ou dans les environs de Rome, des maisons plus vastes et mieux aménagées.

On y trouvait pourtant l'*atrium*, tel qu'il était jadis, avec son toit percé d'un trou pour faire sortir la fumée et laisser entrer l'eau de pluie qui tombait dans un bassin creusé au-dessous. Mais cet atrium n'était plus qu'une grande antichambre sur laquelle s'ouvrait le *tablinum*, sorte de salle de réception où le père de famille recevait ses clients. Derrière le tablinum, on construisit, à la mode grecque, toute une série de chambres autour d'un jardin intérieur, agrémenté d'une fontaine et entouré d'une galerie à colonnes, le *péristyle*. Là étaient la salle à manger, les chambres à coucher, la salle de bains, la bibliothèque. Toutes ces pièces prenaient jour sur le péristyle et n'avaient pas de fenêtres sur la rue : d'ailleurs on se servait encore fort rarement de vitres. La maison avait parfois un étage et la façade du rez-de-chaussée était souvent occupée par des boutiques que l'on louait.

En même temps que la maison s'agrandissait, *la décoration*

Photo Sommer.

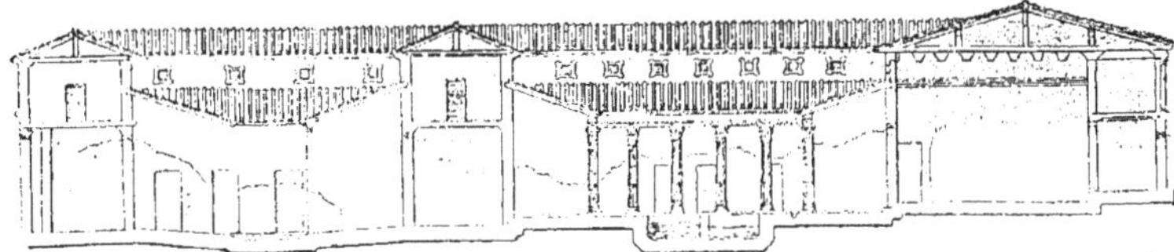

Vestibule. Atrium et impluvium. Tablinum. — Péristyle.

Partie publique de la maison. — Appartements privés.

LA MAISON ROMAINE I. ATRIUM ET PERSPECTIVE DES APPARTEMENTS.

*De haut en bas : 1° vue prise dans l'*atrium *d'une maison en ruines de Pompéi ; 2° la coupe d'une des principales maisons de Pompéi ; 3° la restauration de cette maison : au premier plan l'*atrium *avec son bassin central ; au fond le* péristyle *entouré d'une galerie à colonnes. (Extrait de* Pompéi *par H. Thédenat, Laurens, éditeur.)*

Photos Brogi et Giraudon.

LA MAISON ROMAINE II. LA DÉCORATION INTÉRIEURE.

Dans la période qui suit les conquêtes, le luxe le plus raffiné remplace la simplicité primitive. On peut en juger par la richesse du décor des maisons romaines de Pompéi. De haut en bas, fontaine intérieure, ornée de sculptures et de mosaïques, et restitution d'un triclinium *ou salle à manger d'été; — frise représentant des Amours qui fabriquent de l'huile; — décor d'une porte d'appartement.*

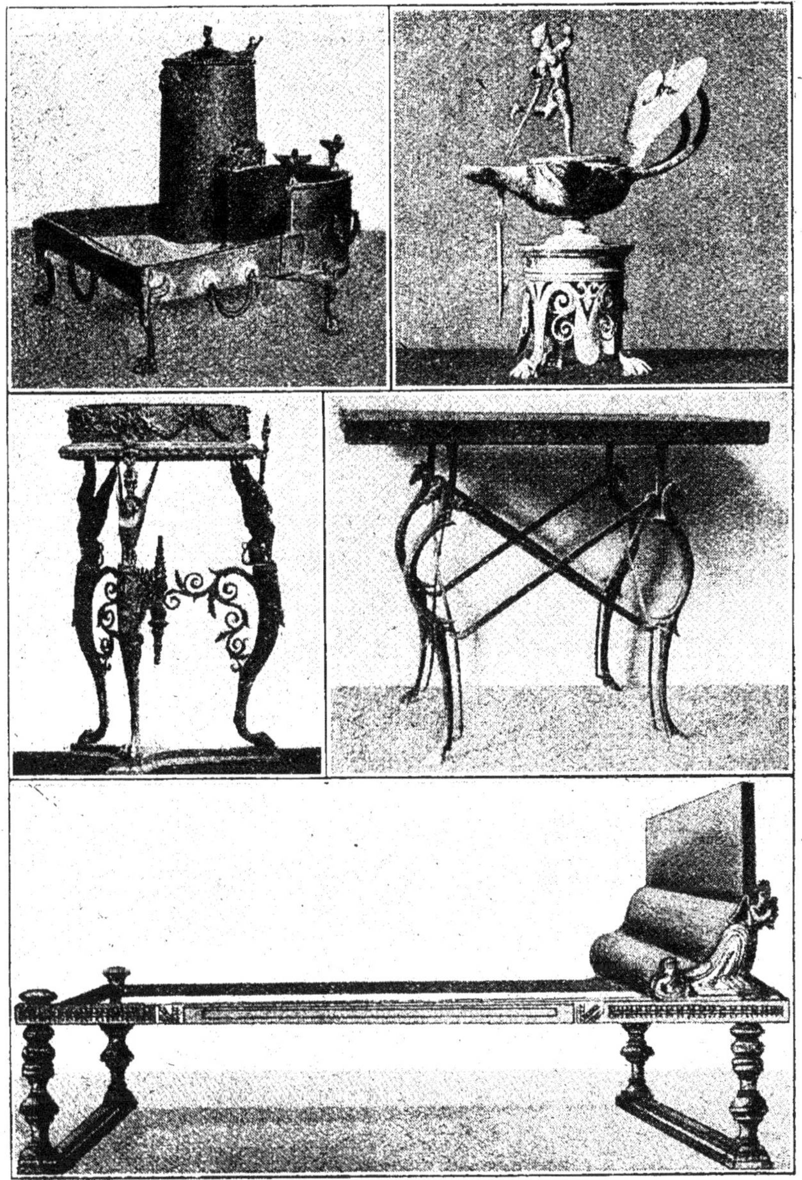

Photos Sommer et Alinari.

LA MAISON ROMAINE III. L'AMEUBLEMENT.

Musée de Naples.

Grâce aux fouilles de Pompéi, on possède d'innombrables pièces de mobilier romain, datant il est vrai du premier siècle de l'ère chrétienne. On voit ici, de haut en bas, un réchaud, une lampe, un trepied et une table en bronze, un lit à monture de bronze, tous objets de forme très élégante et finement ciselés.

intérieure et l'ameublement devenaient plus luxueux. Les murs furent ornés de peintures et de placages de marbre; le sol, jadis de terre battue, se couvrit de mosaïques en pierres coloriées. On rechercha les tapis précieux. Les meubles, peu nombreux encore — il n'y eut jamais de tables pour écrire ni de commodes — furent en bois rare finement ouvragé et incrusté. Les riches possédèrent de la vaisselle d'argent, tandis qu'un siècle auparavant il n'y avait à Rome qu'un seul service d'argent, celui dont se servait le Sénat quand il recevait les ambassadeurs étrangers.

LE LUXE DU COSTUME

Le costume resta celui de jadis. Les Romains continuèrent à porter par-dessus la chemise et le caleçon une *tunique* qui tombait jusqu'aux genoux, et, quand ils sortaient, à se draper dans un grand morceau d'étoffe blanche, la *toge*. Mais au lieu de la laine grossière dont on se contentait jadis, on employa les fins tissus, et les élégants mirent tout leur orgueil à disposer avec art les plis de leur toge.

« Hortensius, dit un auteur romain parlant d'un élégant du premier siècle, faisait consister toute la beauté d'un homme dans la manière de se ceindre : il soignait son vêtement jusqu'à l'affectation; il se servait d'un miroir pour se bien vêtir et avec cet instrument il mettait sa toge de façon que les plis ne se formassent pas au hasard, mais qu'ils fussent disposés savamment et retenus par un nœud.... Comme il marchait un jour, ainsi artistement vêtu, un de ses collègues, qui le rencontra dans un lieu étroit, détruisit par hasard l'économie de son vêtement : Hortensius l'assigna en réparation et lui fit un grief capital d'avoir dérangé sur son épaule un pli de l'étoffe. » (MACROBE, *Saturnales*, d'après la trad. Nisard.)

Naturellement, les dames romaines ne furent pas moins coquettes que leurs maris. Elles recherchèrent les étoffes les plus fines pour leur *stola* — une longue robe à la grecque qui descendait jusqu'aux pieds —, et leur *palla* — un grand manteau dont elles se drapaient. Elles se couvrirent de bijoux, bagues, bracelets, colliers et pendeloques. En vain, des lois furent votées pour limiter le luxe des femmes, celles-ci réussirent à les faire abroger.

En 195 av. J.-C., quelques tribuns proposèrent d'abroger une de ces lois. D'autres voulaient au contraire la conserver. « Alors, dit Tite Live, ni le respect de l'autorité, ni le sentiment des convenances, ni la volonté de leurs maris ne purent retenir les dames dans leur

LE COSTUME A ROME.

En haut à gauche, Romain vêtu de la tunique à manches courtes et drapé dans la toge dont l'une des extrémités est portée sur le bras et l'épaule gauche. A droite, dame romaine drapée dans la palla, *ici semblable à l'*himation *des femmes grecques, et passant sur la tête. En bas, groupe de dames, d'après une fresque de Pompéi ; on voit l'une d'elles, à gauche, vêtue de la* stola, *tunique serrée à la taille, les autres diversement drapées dans la* palla. *Les silhouettes sont assez modernes.*

maison. Elles assiégeaient les rues et les avenues du Forum, arrêtant les citoyens au passage, les conjurant de permettre aux femmes de reprendre leurs anciens ornements. » Caton, alors consul, s'éleva dans un discours indigné contre cette attitude des Romaines : « Si chacun de nous, Romains, avait su conserver sur sa femme les droits et l'autorité d'un mari, nous aurions aujourd'hui moins de difficultés avec l'espèce entière. Mais, après avoir triomphé de notre autorité au foyer domestique, voici que la tyrannie des femmes la foule aux pieds en plein forum! » Protestations inutiles. Le lendemain, les femmes allèrent toutes ensemble assiéger les portes des tribuns qui s'opposaient à la proposition d'abrogation, et elles ne se tinrent en repos que lorsque les tribuns se furent désistés de leur opposition. » (TITE LIVE, liv. XXIX, trad. Gaucher).

LE LUXE DE LA TABLE

Le luxe de la table se développa aussi et dégénéra souvent en véritable orgie. Les Romains, jadis si sobres, devinrent d'effrénés gloutons, et ce vice resta un des plus répandus dans la haute société jusqu'à la fin de l'histoire romaine.

D'abord le nombre des repas augmenta : entre le petit déjeuner du matin et le repas de midi ou *cœna*, s'intercala un premier déjeuner, le *prandium*, de sorte que la cœna fut reportée à trois heures de l'après-midi. Parfois, après le dîner, il y avait un souper qui se prolongeait fort avant dans la nuit.

Les Romains adoptèrent aussi la coutume grecque de manger couchés. La salle à manger ou *triclinium* contenait trois lits disposés en carré ou parfois en fer à cheval autour d'une table : chaque lit, garni de coussins, pouvait recevoir trois convives qui mangeaient à demi étendus, appuyés sur le coude gauche, pendant que des esclaves jouaient de la musique.

Enfin le menu devint très copieux et les mets très recherchés. Le plus grand poète latin du second siècle av. J.-C., Ennius, a consacré une pièce de vers à énumérer les plus renommés. On en faisait souvent venir des pays éloignés, et l'on mettait son orgueil à en découvrir chaque jour de nouveaux. Tout déjeuner de cérémonie comprit trois services, parfois extraordinairement abondants, chacun de six ou sept plats. On buvait les crus fameux de l'Italie du Sud, le *Massique*, le *Falerne*, ou les vins de Sicile et de Grèce, vins épais que l'on coupait d'eau dans des vases spéciaux appelés *cratères*. « Alors, dit Tite Live, le cuisinier, considéré et employé jusque-là comme le dernier des esclaves, devint un personnage important, et ce qui n'était qu'un vil métier fut érigé en art. »

LES ROMAINS A TABLE.
D'après les fouilles de Pompéi.

Les trois gravures rapprochées nous montrent comment les Romains de la classe riche ou aisée prenaient leur repas. On voit de bas en haut : 1° le plan du triclinium ; *2° un* triclinium *retrouvé à Pompéi ; 3° les convives à table, allongés et couronnés de fleurs ; les lits ont ici une forme de fer à cheval, un peu différente de la forme habituelle.*

L'écrivain latin Aulu-Gelle nous a conservé un passage du discours d'un magistrat qui, à la fin du second siècle avant J.-C., voulait qu'on fît une loi pour limiter le luxe de la table. « Les maîtres de la gourmandise et de l'intempérance vous diront qu'une table n'est pas somptueuse si, au moment où vous savourez un mets, on ne vous l'enlève pas pour le remplacer par un autre, meilleur et plus distingué.... Si le luxe continue à croître dans cette proportion, que restera-t-il, à moins de se faire mâcher les morceaux pour s'épargner, en mangeant, toute fatigue ? Quant aux lits avec leur garniture d'or, d'argent et de pourpre, ils sont préparés chez quelques hommes avec plus de richesse que pour les dieux immortels! » (Trad. de M. Colin dans *Rome et la Grèce*, Boccard éd.)

CONCLUSION

Il faut se garder de généraliser ces exemples et de croire que tous les Romains sans exception se soient ainsi jetés dans le luxe ou l'orgie. Mais le peuple lui-même, trop pauvre pour habiter de belles maisons ou porter de fines étoffes, prenait le goût du luxe quand il assistait aux magnifiques triomphes des généraux vainqueurs ou aux jeux de plus en plus splendides que donnaient les édiles. Ainsi, après les conquêtes, dans toutes les classes de la société, *l'antique simplicité des mœurs avait disparu ou tendait à disparaître.*

II

LES TRANSFORMATIONS INTELLECTUELLES, RELIGIEUSES ET MORALES

INFLUENCE DE L'HELLÉNISME

Les Romains n'empruntèrent pas seulement aux Grecs et aux Orientaux le goût d'une vie luxueuse, ils apprirent aussi à connaître leur manière de penser, ils admirèrent la littérature et l'art grecs et essayèrent de les introduire à Rome : ainsi, les grandes conquêtes amenèrent une *transformation complète de l'esprit romain*, due principalement à l'influence de la civilisation hellénique.

LES GRECS A ROME

La conquête de la Grande Grèce et de la Sicile avait déjà fait connaître à Rome les idées grecques. Mais c'est surtout à partir du second siècle av. J.-C. que l'hellénisme pénétra dans la société romaine. Nombreux étaient en effet les Romains qui, soit comme soldats, soit comme marchands, séjournaient dans le monde hellénique. Plus nombreux encore furent les Grecs et les Orientaux hellénisés qui vinrent s'établir à Rome, les uns amenés de force comme prisonniers de guerre, les autres venus volontairement dans l'espoir de faire fortune : domestiques, cuisiniers, acteurs, devins,

Photo Alinari.

SCÈNE DE COMÉDIE ROMAINE.

Musée de Naples.

Les personnages portent des masques : à gauche, le maître, vêtu d'un pallium *ou manteau grec à franges, manifeste la plus violente colère : un ami ou un parent le retient par le bras. A droite, l'esclave tremblant de frayeur, est saisi par un gardien qui s'apprête à le fouetter. Au milieu une joueuse de flûte.*

médecins, précepteurs grammairiens, rhéteurs, ils faisaient tous les métiers et ils étonnaient leurs vainqueurs par la souplesse de leur esprit et la variété de leurs aptitudes, tout en les agaçant un peu par leur vantardise. « Un petit Grec, cela sait tout, dira plus tard le poète latin Juvénal demandez-lui d'escalader le ciel, il le fera. »

Le poète comique Plaute nous montre ces « petits Grecs » : « Ils se promènent en manteau long, la tête couverte : ils s'avancent surchargés de livres, sans oublier pour cela le panier à provisions ; ils tiennent des conciliabules, vils esclaves fugitifs ; ils barrent le chemin, gênent les passants, ont sans cesse à la bouche leurs belles sentences : — mais à toute heure on peut les voir s'enivrer au cabaret.... puis ils se mettent en route, graves d'aspect et quelque peu pris de vin. » (PLAUTE, *Le charançon*, trad. de M. Colin, dans *Rome et la Grèce*, Boccard éd.)

LES DÉBUTS DE LA LITTÉRATURE LATINE

Ces « petits Grecs », si méprisés parfois, n'en furent pas moins les éducateurs des Romains. Ils leur révélèrent les beautés de la langue et de la littérature grecques. Dès lors, il fut de bon ton à Rome d'apprendre le grec, et dans les familles riches l'usage s'établit d'envoyer les jeunes gens passer un ou deux ans à Athènes ou à Rhodes pour y suivre les leçons d'un rhéteur en renom.

De l'admiration pour la littérature grecque, on ne tarda pas à passer à l'imitation. Ainsi naquit la littérature romaine ou latine, qui, à ses débuts, s'inspira plus ou moins directement des modèles grecs. Les premiers grands écrivains latins furent les poètes comiques *Plaute* (251-184) et *Térence* (190-159), le poète *Ennius* (235-169), qui, dans l'épopée des *Annales*, chanta les hauts faits de l'histoire romaine. Il faut remarquer d'ailleurs qu'aucun de ces trois écrivains n'était Romain d'origine : Plaute était Ombrien, Terrence un esclave africain qu'on avait affranchi, Ennius un Grec de l'Italie du Sud devenu citoyen romain.

LES ÉCRIVAINS ET L'OPINION

Un petit groupe d'esprits cultivés s'intéressa aux efforts de ces poètes, les protégea et les traita en amis, alors que le métier d'écrivain avait été jusque-là méprisé à Rome. A la tête de cette élite étaient les *Scipions* : Scipion l'Africain d'abord qui aimait à s'entourer de Grecs et s'était pris d'amitié pour le poète Ennius, puis Scipion Emilien qui fut le protecteur du poète Térence et de l'historien grec Polybe.

Mais la masse du peuple se désintéressait complètement de la littérature et lui préférait des distractions grossières. Un jour, les spectateurs quittèrent en foule le théâtre où l'on commençait à jouer une pièce de Térence, parce qu'on annonçait au dehors l'arrivée d'un danseur de corde.

La scène suivante, que nous raconte Polybe, montre combien le peuple romain était encore grossier et incapable de goûter les plaisirs de l'esprit. Le consul Anicius avait fait venir de Grèce les musiciens les plus célèbres : « Déjà ils exécutaient leur morceau avec une harmonie parfaite, lorsque Anicius leur cria qu'ils jouaient mal et les pria de se mettre plutôt à lutter entre eux. Grand embarras parmi les artistes qui ne savaient ce que cela voulait dire. Enfin un licteur vint les avertir de se tourner les uns contre les autres et de simuler un combat. Instruits dès lors de ce que voulait Anicius, et profitant de l'occasion offerte à leur esprit folâtre, ils eurent bientôt mis la confusion partout. Ils tournèrent les chœurs placés au centre contre ceux qui étaient aux extrémités, et, soufflant eux-mêmes dans leurs flûtes de la manière la plus discordante, sur les tons les plus divers, ils s'élancèrent les uns contre les autres. Les chœurs, de leur côté, se précipitèrent avec un bruit épouvantable et se portèrent en avant, puis reculèrent comme s'ils fuyaient. Enfin, un des choristes releva sa robe et, se tournant avec vivacité, dirigea son bras, comme aurait pu faire un athlète, contre le joueur de flûte qui lui était opposé. A cette vue, des applaudissements et des cris de joie éclatèrent de toutes parts. Au milieu, deux danseurs se jetèrent dans l'orchestre avec leur musique, et quatre combattants au pugilat montèrent sur la scène suivis de clairons et de trompettes. La confusion devint telle qu'il est impossible de la décrire. » (Polybe, *Histoire*, liv. XXX trad. Bouchot.)

L'ART GREC A ROME

L'art grec eut, auprès des Romains de la société riche et cultivée, plus de succès encore que la littérature. Déjà la conquête de l'Italie méridionale, puis les guerres en Sicile, en Grèce, en Asie mineure, leur avaient fait connaître les chefs-d'œuvre de l'art grec. Beaucoup d'entre les généraux qui firent campagne en Orient, par exemple Metellus après la prise de Corinthe, pillèrent les temples et les maisons des riches particuliers. Revenus à Rome, ils ornèrent leurs demeures de ces dépouilles ou des copies des chefs-d'œuvre grecs[1]. Chacun voulut les imiter, soit par goût, soit tout simplement par vanité. Il fut à la mode de collectionner les œuvres d'art et d'avoir dans sa maison une galerie de tableaux. Les images de cire des ancêtres qui ornaient l'atrium furent remplacées par des bustes en marbre.

Dès avant les grandes conquêtes, il y avait à Rome quelques monuments élevés par des Grecs de la Grande Grèce. A partir du second siècle, la ville s'embellit rapidement. Si l'on excepte le *Temple de Jupiter* bâti sur le Capitole, le *Temple rond* des bords du Tibre et les deux *Cirques* construits l'un par Tarquin l'Ancien, l'autre par Flaminius le vaincu de Trasimène, les monuments les plus remarquables se trouvaient sur le Forum.

LES MONUMENTS DU FORUM

Le Forum était à l'origine la vallée marécageuse qui s'étendait entre le Palatin, le Capitole et l'Esquilin. Il était devenu la place publique de Rome après la réconciliation de Romulus et du roi sabin Tatius[2]. Romulus, disait-on, y avait élevé un temple à Jupiter et un autel

1. Voilà pourquoi en fouillant le sol de l'ancienne Rome on a retrouvé des copies de tant de statues grecques.
2. Voir ci-dessus, page 23.

à Janus, Numa y avait construit le Temple de Vesta, Tullus Hostilius la Curie, Ancus Martius la prison du Tullianum, enfin Tarquin l'Ancien avait achevé de dessécher la vallée en creusant le grand égout, la Cloaca Maxima. Au début, le Forum était principalement un marché et de nombreuses boutiques s'y élevaient. Plus tard, il fut surtout le centre de la vie politique. Les comices s'y réunissaient, tout près de la *Curie*, où siégeait le Sénat, et de la Tribune aux Harangues ou *Rostres*. On y éleva de nouveaux temples, *Temple de Castor et Pollux*, *Temple de Saturne* où était déposé le trésor public, *Temple de la Concorde*, puis des *basiliques*, grands monuments rectangulaires, divisés par des colonnes en trois ou cinq nefs : les Romains venaient s'y promener, y traiter de leurs affaires et parfois le préteur y rendait la justice. On voyait encore sur le Forum, outre la demeure des Vestales, la *Colonne rostrale* de Duilius[1] et de nombreuses statues des hommes illustres de Rome : Manlius, Horatius Coclès, Camille, etc. ; dès 156, il y en avait tant qu'elles gênaient la circulation.

Toutes ces œuvres d'art, comme les statues et les mosaïques qui ornaient les maisons des riches, furent exécutées par des Grecs — à peine peut-on citer le nom de quelques artistes romains — et d'après des modèles grecs. S'il est vrai que, par la suite, les Romains furent des architectes remarquables et parfois originaux, à ses débuts tout au moins *l'art romain ne fut qu'un art grec importé à Rome.* Comme le disait le poète latin Horace : « La Grèce conquise conquit son rude vainqueur et importa les arts dans le sauvage Latium. »

LES TRANSFORMATIONS RELIGIEUSES LES CULTES D'ORIENT

La vie religieuse elle aussi fut profondément transformée. Au contact de la religion grecque, la religion romaine perdit ses caractères primitifs, en même temps que Rome était envahie par des cultes nouveaux, venus de Grèce ou d'Orient.

On a vu[2] que l'influence de la religion grecque s'était fait sentir très tôt à Rome, dès les premiers temps de la République. Depuis lors, cette influence n'avait cessé de grandir. Après les grandes conquêtes, il en fut de la religion comme de la littérature et des arts : elle s'hellénisa complètement. Les dieux romains furent tous assimilés aux dieux grecs, Jupiter à Zeus,

1. Voir ci-dessus la gravure de la page 89.
2. Voir ci-dessus, page 44.

Photo Brogi.

LE FORUM, état actuel.

La vue est prise du Capitole : à droite, les sommets boisés du Palatin. L'arc de triomphe au premier plan à gauche date de l'Empire. Derrière et à gauche se trouvaient l'emplacement primitif des Comices avec les Rostres, la Curie, le Tullianum et la basilique de Caton. Au premier plan à droite, les sept colonnes du Temple de Saturne ; derrière celui-ci l'emplacement d'une basilique élevée par César ; plus loin, les trois colonnes du temple de Castor ; à côté s'élevaient le temple de Vesta et la demeure des Vestales.

Junon à Héra, Minerve à Athéné, Mars à Arès, etc. ; on leur prêta les mêmes attributs, la même figure, les mêmes mythes.

A côté des dieux grecs, les dieux orientaux pénétrèrent à Rome ; il en vint de partout, d'Asie mineure, d'Égypte et de Syrie. Leurs cultes eurent bientôt une vogue extraordinaire. Ils séduisaient la foule par leur nouveauté, leurs rites mystérieux, leur promesse d'une vie future bienheureuse, et surtout par leurs fêtes magnifiques — processions et danses sacrées, au milieu des chants et de la musique — qui contrastaient avec les froides cérémonies du culte romain.

Cette invasion des dieux étrangers inquiétait les partisans des vieilles traditions. Les adeptes des nouveaux cultes passaient pour se livrer, dans leurs cérémonies secrètes, à de criminelles orgies ; on leur imputait le relâchement des mœurs. C'est ainsi qu'en 186, après un procès monstre suivi de plus de 3 000 condamnations capitales, le Sénat interdit la célébration des *Bacchanales*, fêtes en l'honneur de Bacchus, dieu mi grec, mi-oriental, du vin et de l'ivresse.

LA DÉCADENCE MORALE

La décadence de la religion traditionnelle coïncidait en effet avec la décadence des anciennes vertus, qu'il faut attribuer surtout à l'influence corruptrice de la richesse. « La plupart des Romains, écrit Polybe, vivent aujourd'hui dans un étrange dérèglement ! » Deux siècles plus tard, le poète latin Juvénal dira : « Le monde vaincu s'est vengé de nous en nous donnant ses vices. » Pour devenir riches, tous les moyens furent bons, même les plus frauduleux ; on vit en 181 le censeur Lépidus, prince du Sénat et grand pontife, détourner l'argent du Trésor public ; des généraux se mirent à vendre des congés à leurs soldats. En même temps, les vertus familiales s'affaiblirent dans l'aristocratie ; les divorces furent de plus en plus fréquents. Enfin, les vertus civiques disparurent, elles aussi, ou devinrent l'exception ; on s'habitua à acheter les suffrages du peuple, et la corruption électorale s'étala au grand jour. L'historien latin Salluste, voulant montrer l'influence néfaste des grandes conquêtes sur la vie morale des Romains, écrivait, avec quelque exagération d'ailleurs : « Ravir, dévorer, faire bon marché de son bien, convoiter celui d'autrui, fouler aux pieds l'honneur, la décence, les croyances divines et humaines, secouer tout respect, toute pudeur, telle fut désormais la vie des jeunes gens. »

Photo Hachette.

AUTEL DES DOUZE DIEUX

Musée du Louvre.

Sous l'influence des Grecs, les Romains en vinrent à confondre leurs dieux avec les dieux grecs et à leur donner le visage et les attributs des dieux grecs. C'est ce que montre bien cet autel dit « des douze dieux ». C'est en réalité le socle d'un grand candélabre : sur chacune de ses trois faces, l'artiste a sculpté quatre grands dieux. Sur la face représentée ici on voit en haut, de gauche à droite, le dieu de la guerre Mars (Arès) avec la cuirasse, la lance et le bouclier, — la déesse de la beauté et de l'amour Vénus (Aphrodite), — le messager des dieux Mercure (Hermès) avec son caducée où s'enroulent deux serpents, — la déesse du foyer Vesta (Hestia). Les personnages représentés au-dessous ne sont pas des grands dieux ; ce sont les trois Parques — les Grecs les appelaient les Moires. La première, Clotho, présidait à la naissance et tenait un fuseau ; la seconde, Lachesis, filait les jours de la vie des hommes : la troisième, Atropos, tranchait de ses ciseaux le fil de la vie.

LES EFFORTS DE CATON LE CENSEUR

Un homme se trouva cependant qui essaya de lutter contre les nouveautés dangereuses, de sauvegarder la tradition, de maintenir l'antique simplicité des mœurs : ce fut ***Caton le Censeur.***

Ce petit homme roux, aux yeux bleus, aux manières rudes, était un cultivateur des environs de Rome. Il prit part à la seconde guerre punique, combattit en Espagne et en Grèce; entre deux campagnes, il revenait labourer son champ. Questeur de Scipion l'Africain en Sicile, il fut bientôt en conflit avec son chef qu'il accusait de gaspiller l'argent et de s'entourer de Grecs; dès lors, il ne laissa passer aucune occasion d'attaquer le vainqueur d'Hannibal et de le poursuivre de sa haine. Lui-même était si économe qu'avant de quitter l'Espagne où il avait commandé l'armée romaine, il vendit son cheval pour épargner à l'État les frais de transport.

Nommé censeur en 184, Caton lutta sans pitié contre le développement du luxe, raya de l'album plusieurs sénateurs pour cause de prodigalités, frappa de lourdes taxes les riches vêtements et les parures. Tout le reste de sa longue vie — il mourut en 149 av. J.-C., à 86 ans — il poursuivit la lutte à la fois contre le relâchement des mœurs et contre l'hellénisme qu'il en rendait injustement responsable; en 155, les Athéniens avaient envoyé au Sénat comme ambassadeurs trois philosophes qui firent des conférences publiques à Rome et eurent un grand succès : Caton, alarmé, les fit renvoyer au plus vite.

Lui-même n'était pas ennemi des lettres, puisqu'il écrivit un traité de *l'Agriculture* et un ouvrage sur les temps anciens de Rome, intitulé *les Origines*. Mais tout ce qui venait de Grèce lui paraissait détestable : « Mon fils, disait-il, je t'interdis les médecins », parce qu'à Rome tous les médecins étaient grecs.

LA VICTOIRE DE L'HELLÉNISME

Les efforts de Caton devaient être vains. De toutes parts l'hellénisme pénétrait à Rome : nul ne pouvait l'en empêcher. A la fin du second siècle, la transformation est accomplie; la civilisation romaine est devenue une *civilisation gréco-romaine* : c'est sous cette forme qu'à la suite des légions elle se répand dans toute l'Europe occidentale encore à demi barbare. Ainsi l'*hellénisation de Rome après les grandes conquêtes est un des faits essentiels non seulement de l'histoire romaine, mais encore de l'histoire générale de la civilisation.*

CHAPITRE XIV

LES CONSÉQUENCES DES GRANDES CONQUÊTES
LES TRANSFORMATIONS SOCIALES

Dans son organisation même, la société romaine fut profondément transformée par les guerres de conquête.

A côté de la noblesse qui gouvernait l'État, il se forma une classe d'hommes d'affaires, de plus en plus riche et influente, la classe des chevaliers.

Le fait le plus grave fut la disparition de la classe moyenne des petits propriétaires, décimée par la guerre ou ruinée par la concurrence des esclaves.

Rome s'emplit d'une plèbe oisive et corrompue, réduite à la mendicité, prête à se vendre au plus offrant.

I

LES CLASSES RICHES : NOBLES ET CHEVALIERS

LES RICHES

A partir du second siècle av. J.-C., les familles riches de Rome forment deux classes distinctes : l'une, dont la richesse est fondée sur la terre, se consacre au gouvernement de l'État ; elle est composée de magistrats et de sénateurs ; ses membres s'appellent les *nobles*. L'autre, dont la richesse est fondée sur l'argent, se consacre aux affaires ; elle est composée de commerçants et de banquiers ; ses membres s'appellent les *chevaliers*.

LES NOBLES

Le peuple, dans ses comices, pouvait élire qui bon lui semblait, aussi bien un membre d'une famille jusque-là peu connue que le représentant de la *gens* la plus illustre. En fait, les Romains aimaient à choisir les magistrats dans les familles où ils en avaient déjà choisi. Ces familles formaient la ***noblesse***, et on appelait *noble* celui qui comptait parmi ses ancêtres un magistrat. Les nobles étaient plus honorés que le reste des citoyens. Ils avaient le droit de porter au doigt un anneau d'or et de conserver dans leur maison les *images*, c'est-à-dire les bustes, de ceux qui dans leur famille avaient été magistrats : au jour des funérailles, on portait ces bustes dans le cortège.

« Lorsqu'à Rome un noble meurt, on porte en grande pompe, après la cérémonie funèbre, son corps à la tribune, sur le Forum ; là on le dresse tout droit, de façon que tous puissent le voir. Alors, en présence du peuple entier rassemblé à l'entour, son fils, ou quelqu'un de ses parents, monte à la tribune pour rappeler les vertus du mort, les choses qu'il a accomplies pendant sa vie.... Ensuite, lorsque les funérailles sont terminées, on place son image dans l'endroit le plus apparent de la maison, sous un dais de bois. Cette image reproduit aussi exactement que possible ses traits et son teint. Dans les cérémonies publiques, on la découvre, on la pare ; s'il meurt quelque personnage illustre de la famille, on fait porter ces images aux hommes qui paraissent le mieux ressembler par la taille et l'allure à ceux qu'elles représentent, et on les mène ainsi au convoi. Ces hommes revêtent une toge *prétexte* si le mort était consul ou préteur ; une robe de pourpre s'il était censeur, d'or s'il avait obtenu le triomphe. Ils s'avancent portés sur des chars et précédés des faisceaux et des haches, et de tous les insignes des dignités que ces nobles ont exercées durant leur vie. » (POLYBE, liv. VI ; d'après la trad. Bouchot.)

ORGUEIL DES NOBLES

A partir du second siècle av. J.-C., les nobles furent presque seuls à être élus magistrats ; ils firent tout pour écarter les candidats qui n'étaient pas nobles, ceux qu'on appelait *hommes nouveaux*. En un siècle, de 233 à 133, six familles accaparèrent 71 consulats sur 200, c'est-à-dire plus du tiers. La noblesse finit ainsi par former une caste orgueilleuse et jalouse de ses privilèges. Des hommes médiocres étaient portés aux magistratures uniquement parce qu'ils étaient de grande famille, et des citoyens de valeur étaient dédaignés parce qu'ils étaient d'origine modeste.

Comme le dit l'historien Salluste : « La noblesse se transmettait le consulat de main en main. Tout homme nouveau, quel que fût l'éclat de sa renommée et de ses services, était réputé indigne et comme souillé par la tache de sa naissance.... Au dedans comme au dehors, tout se faisait par le caprice de quelques individus ; eux seuls disposaient du trésor public, des provinces, des magistratures, des gloires et des triomphes ». (SALLUSTE, *Guerre de Jugurtha*, d'après la trad. Croiset.)

MAUVAISES MŒURS POLITIQUES

En même temps qu'ils s'isolaient dans leur orgueil et se réservaient égoïstement le profit des magistratures, les nobles perdaient le respect des lois qui avait fait jusque-là la force de la République. Ils se faisaient élire magistrats avant l'âge normal et n'hésitaient pas à acheter les suffrages. La *corruption électorale* devint même si fréquente qu'il fallut créer un tribunal permanent pour juger ce délit, en même temps qu'on établissait le scrutin secret. Les magistrats eux-mêmes devenaient de moins en moins respectueux de l'autorité du Sénat et l'on voyait des gouverneurs de province engager de leur propre autorité des guerres de pillage.

EXEMPLE DE SCIPION L'AFRICAIN

Le vainqueur d'Hannibal fut, malgré tous ses mérites, un mauvais citoyen. *Il fit toute sa carrière sans jamais obéir aux lois* : à 22 ans, il avait obtenu avant l'âge l'édilité; deux ans après, il était élu par les comices (ce qui était illégal) proconsul pour l'Espagne; lorsqu'en 205 il parla de porter la guerre en Afrique et que le Sénat hésitait, il le menaça d'en appeler au peuple. Après la guerre contre Antiochos où il avait accompagné son frère qui était un incapable, il fut accusé de malversations. Au jour du procès, il refusa dédaigneusement de se défendre; il fit de même pour une seconde accusation, encore plus grave, de trahison.

La première fois, il avait fait apporter les livres de compte; mais « il les déchira lui-même sous les yeux des sénateurs, indigné qu'on lui demandât compte de 4 millions de sesterces (près de 3 millions de francs) à lui qui en avait versé 200 millions au trésor public ». Au jour marqué pour le second procès, il apparut entouré d'amis et de clients : « Tribuns et vous Romains, dit-il, c'est à pareil jour que j'ai livré bataille en Afrique aux Carthaginois et à Hannibal et que j'ai remporté la victoire. Aussi comme il est juste de surseoir aujourd'hui aux procès et aux débats, je vais de ce pas au Capitole saluer Jupiter très grand et très bon, Junon, Minerve..., je veux les remercier de m'avoir donné ce jour-là la force de rendre un grand service à la patrie. » (TITE LIVE, liv. XXXVIII.) Et le peuple qui, après Zama, lui avait offert la dictature pour toute sa vie, le suivit au Capitole.

LES NOBLES GOUVERNEURS DE PROVINCES

Si les nobles agissaient de la sorte à Rome et à l'égard du Sénat, on peut penser comment ils agissaient dans les provinces. Jusqu'à l'Empire, les magistrats romains, sauf de rares exceptions, n'ont vu dans les provinces que des territoires où ils pouvaient piller à leur gré et exiger des habitants tout ce qui leur plaisait.

NAVIRE DE COMMERCE ROMAIN.
D'après un bas-relief d'Ostie.

*Avec sa coque rebondie et ses épais cordages, ce navire ressemble à nos bateaux de grande pêche. A gauche, sur la dunette ou pont surélevé à l'arrière du navire, le capitaine offre un sacrifice, sans doute pour célébrer son arrivée au port. On aperçoit sur la voile deux louves romaines et en dessous les initiales du propriétaire V. L. A l'arrière-plan à droite, le phare d'Ostie — le port de Rome; — à gauche, statue de l'*Annona, *divinité du ravitaillement.*

Le gouverneur dont nous connaissons le mieux les excès est *Verrès*, propréteur en Sicile de 73 à 70 av. J.-C. Lâche, incapable, débauché, Verrès ne songe qu'à voler. Il dépouille les citoyens riches de leur fortune, fait lever les impôts plusieurs fois, vend les magistratures, déclare innocents les coupables pourvu qu'ils le paient, dilapide les sommes destinées à l'équipement de la flotte, et, quand elle revient battue, condamne les officiers à mort. Comme il aime aussi les œuvres d'art, il force les habitants à lui céder des statues, des tableaux, des pièces d'orfèvrerie; il dépouille même les temples. Enfin, non content d'accabler les provinciaux, il ose faire battre de verges et mettre en croix un citoyen romain, ce qui était une illégalité scandaleuse. Un citoyen, en effet, ne devait jamais être battu de verges; d'autre part, s'il était condamné par un magistrat à la peine capitale, il avait toujours le droit d'en appeler au peuple; enfin la croix était un supplice réservé aux esclaves.

Le plaidoyer de l'orateur *Cicéron* contre Verrès[1] nous fait connaître dans le détail tous ces actes de despotisme mais combien d'autres durent agir comme Verrès! En vain, dès l'année 149, on avait établi un tribunal pour juger les mauvais magistrats. Comme les juges étaient des sénateurs, anciens ou futurs gouverneurs, l'accusé était presque toujours acquitté. Et les provinces continuaient de souffrir, d'autant plus qu'elles étaient encore exploitées par les *chevaliers*.

[L]ES CHEVALIERS

A la veille de l'invasion d'Hannibal, en 219, une loi interdit d'être en même temps sénateur et homme d'affaires. Un certain nombre de membres des familles riches renoncèrent alors à être magistrats et sénateurs et préférèrent se consacrer aux affaires. On les appela *chevaliers* parce qu'ils avaient la fortune autrefois exigée pour servir dans la cavalerie, et ils formèrent, à côté de la noblesse qui gouvernait l'État, l'ordre des chevaliers ou *ordre équestre*, qui comprenait des commerçants, des banquiers et des publicains.

[C]OMMERÇANTS [E]T BANQUIERS

Parmi les chevaliers, les uns faisaient le grand commerce, important d'Espagne, d'Afrique, de Gaule et d'Orient les matières que ne produisait pas l'Italie; ou bien ils se fixaient comme marchands dans les provinces conquises et les pays limitrophes : quarante ans après la formation de la province d'Asie, on y comptait, dit-on, près de 100 000 marchands de Rome ou d'Italie; de même, dans la Gaule transalpine, Cicéron déclare que « pas un Gaulois ne conclut une affaire sans le concours d'un citoyen romain ».

D'autres étaient banquiers et s'enrichissaient par le commerce de l'argent : ils empruntaient à très bas prix à Rome et prêtaient aux villes et aux habitants des provinces à des taux très élevés.

1. Voir ci-dessous, p. 205.

Photo Brogi.

UN BANQUIER ROMAIN. CÆCILIUS JUCUNDUS. Musée de Naples.

Dans les ruines de Pompéi, on a retrouvé le buste du banquier Cæcilius Jucundus : long nez proéminent, regard vif, bouche narquoise, larges oreilles écartées, cette physionomie si vivante est bien celle d'un homme d'affaires, qui doit s'entendre à exploiter son prochain. Dès le second siècle av. J.-C., il y avait à Rome un grand nombre de financiers et de négociants aussi avisés que peu scrupuleux.

Souvent ils agissaient pour le compte de sénateurs. C'est par l'entremise d'un chevalier, Scaptius, que le sénateur Brutus, l'ami de Cicéron et l'un des hommes les plus honnêtes de son temps, prêta à une ville de l'île de Chypre au taux de 48 o/o. La ville ne pouvant rembourser sa dette à la date fixée, Scaptius obtint du gouverneur un escadron de cavalerie, et fit bloquer si étroitement la salle où siégeait le Conseil que cinq conseillers moururent de faim

LES PUBLICAINS

Enfin certains membres de l'ordre équestre, les *publicains*, travaillaient en partie pour le compte de l'État. Y avait-il des entreprises de travaux publics ou des livraisons de fournitures militaires, les censeurs en confiaient l'exécution à celui qui offrait de s'en charger au prix le plus bas; s'agissait-il de la perception, dans une province, des impôts en argent ou en nature, des produits des mines ou des salines, ils l'adjugeaient à celui qui offrait le prix le plus élevé. Comme un seul citoyen n'aurait pas pu trouver immédiatement les sommes nécessaires, les publicains formaient des *sociétés financières*; des particuliers leur prêtaient leur argent moyennant un intérêt annuel.

Dans le cas où elle avait acheté la perception des impôts d'une province, la société envoyait des agents qui extorquaient aux habitants de la province, sous le nom d'impôts, une somme

UNE QUITTANCE DU BANQUIER JUCUNDUS
d'après THÉDENAT, *Pompéi*, Laurens éd.

Dans la maison du banquier Cæcilius Jucundus, on a retrouvé quelques uns de ses dossiers d'affaires, sous forme de tablettes en bois enfermées dans une caisse. Le document reproduit ici est un reçu d'une somme de 1985 sesterces (près de 1.400 francs) représentant le produit d'une vente faite par le banquier pour un de ses clients. Le reçu est daté de Pompéi, 10 mai 54 ap. J.-C.

naturellement beaucoup plus élevée que celle qui avait été versée aux censeurs. Les publicains réalisaient ainsi des bénéfices scandaleux. En cas de difficulté, ils faisaient appel au gouverneur; et si, par hasard, celui-ci prenait la défense de ses administrés, ils étaient parfois assez puissants pour obtenir son rappel. Cicéron avouait qu'il fallait « une vertu toute divine pour concilier les intérêts des provinciaux et les exigences des publicains. »

II

LES PETITES GENS ET LES ESCLAVES

DISPARITION DE LA CLASSE MOYENNE

Tandis que les riches se partageaient ainsi les magistratures et les affaires, la *classe moyenne disparaissait, surtout à la campagne*. C'est là le résultat essentiel des grandes conquêtes : entre les riches et les pauvres il n'y aura plus désormais de classe intermédiaire.

CAUSES DE CETTE DISPARITION

La principale raison de cette disparition fut la conquête elle-même et *les guerres continuelles* qu'elle nécessitait. En effet, c'est surtout dans la classe moyenne que se recrutaient les légionnaires, et il en était tombé des centaines de milliers sur les champs de bataille : rien qu'en Espagne, dans la lutte de vingt années contre Viriathe et les habitants de Numance, 50 000 Romains disparurent. Dès l'année 180, le Sénat eut de la peine à réunir l'effectif de neuf légions, alors qu'il en avait opposé vingt-trois à Hannibal, et il dut enrôler des soldats avant l'age légal de dix-sept ans.

Si par bonheur le petit cultivateur échappait aux dangers de la guerre et revenait dans son pays, en quel état ne retrouvait-il pas son champ ! Pour le remettre en valeur, *il empruntait* : mais le taux était d'au moins 10 0/0 et les intérêts non payés s'ajoutaient au capital ; s'il ne pouvait rembourser, on lui prenait sa terre.

Enfin, *la transformation que subit alors l'agriculture italienne* acheva de le ruiner. Jusque-là on avait cultivé surtout le blé en Italie ; mais quand le Sénat eut annexé la Sicile, la Sardaigne et plus tard l'Afrique, le blé de ces pays afflua sur le marché de Rome. Il en arrivait des quantités énormes — 760 000 hectolitres dans la seule année 196 av. J.-C. — et l'État le vendait à des prix si bas que les agriculteurs italiens ne purent supporter la concurrence. Les riches n'en souffrirent pas ; ils remplacèrent le blé par l'olivier, la vigne ou les pâturages. Mais, faute d'argent, de terrain et de main-d'œuvre, le petit cultivateur ne pouvait en faire autant ; il en était bientôt réduit à vendre son champ.

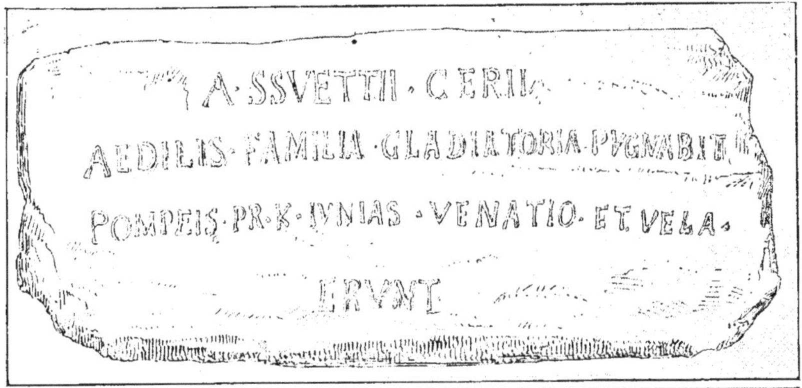

Photo Alinari.

LES PLAISIRS A ROME : JEUX DE L'AMPHITHÉATRE ET DU CIRQUE.
D'après une fresque de Pompéi et un bas-relief du Musée de Naples.

De haut en bas : 1° inscription retrouvée à Pompei ; elle peut se traduire ainsi : « La troupe des gladiateurs d'A. Suettius Cerius, édile, combattra à Pompéi le dernier jour de mai. Il y aura chasse et velarium (toile pour abriter du soleil) ».

2° A l'amphithéâtre, préparatifs d'un combat de gladiateurs ; les deux adversaires sont équipés de façon différente ; le gladiateur de gauche, en attendant de se battre, souffle dans un énorme cor.

3° Au cirque, arrivée d'une course de chars, dont les conducteurs sont des Amours ailés. Le deuxième char s'est brisé ; ses chevaux se cabrent et tombent.

LA CONCURRENCE DES ESCLAVES

Même alors il n'était pas au bout de sa peine. Il ne pouvait guère se placer comme ouvrier agricole que pendant la moisson, la vendange ou la cueillette des olives, car, en temps normal, il se heurtait à la concurrence des esclaves, chaque jour plus nombreux, que les riches employaient sur leurs terres. Alors il quittait la campagne et *il allait à Rome.* Il espérait y trouver plus facilement du travail : à ce moment en effet on commençait à perdre l'habitude ancienne de fabriquer à la maison tout ce dont on avait besoin dans le ménage; les premières boulangeries apparaissent vers 175 av. J.-C. Le campagnard avait donc quelque chance de trouver à s'employer. Mais parfois il cherchait en vain, et il grossissait alors la *plèbe urbaine.*

LA PLÈBE DE ROME

C'est par milliers que l'on comptait ceux qui à Rome ne vivaient que des aumônes de l'État ou des riches. Les édiles vendaient au peuple à des prix dérisoires (moins de 15 fr. l'hectolitre parfois) le blé dont il avait besoin; mais c'étaient surtout les nobles qui lui faisaient des distributions de vin, d'huile, de sel, de viande, de vêtements même et d'argent : ils avaient tout à gagner à se rendre populaires puisque le peuple élisait aux magistratures. Beaucoup de pauvres diables s'attachaient à un riche en qualité de *clients*; ils allaient le saluer le matin à sa maison, ils lui faisaient escorte quand il descendait au Forum; et ils recevaient en échange de leur servilité la *sportule*, quelques restes de sa table, de quoi ne pas mourir de faim. Ainsi des milliers d'hommes menaient cette vie lamentable et indigne, dont au fond ils étaient satisfaits parce qu'elle les dispensait de travailler, et parce qu'ils y trouvaient en outre de nombreuses occasions de réjouissances.

LES RÉJOUISSANCES

Il n'y avait pas seulement les prodigieux *triomphes* qui déroulaient à travers les rues, plusieurs jours durant, les spectacles les plus extraordinaires, il y avait surtout *les jeux* dont le nombre et la durée ne cessaient d'augmenter. Les édiles les organisaient et le Sénat leur allouait une somme à cet effet; mais ils y ajoutaient tous de leur bourse, sachant que plus les jeux seraient magnifiques, plus le peuple se souviendrait d'eux au moment des élections. Ces jeux consistaient en *représentations théâtrales*, *combats de gladiateurs* sur le Forum, *courses de chars*, et parfois même *chasses d'animaux sauvages*, dans le Cirque[1]. Au jeux officiels venaient encore s'ajouter ceux que donnaient les riches particuliers.

Cette vie était d'autant plus démoralisante qu'*une grande partie de la plèbe urbaine finissait par être formée d'anciens esclaves affranchis*, foule cosmopolite et qui n'avait rien de romain, mais qui, formant la majorité des comices, gouvernait, en théorie, Rome et son Empire. A ceux qui l'interrompaient un jour au Forum : « Silence », répondit Scipion Emilien, le vainqueur de Carthage et de Numance, « Silence, vous qui n'êtes pas les fils de l'Italie. Ceux que j'ai amenés ici enchaînés ne m'effrayeront point parce qu'aujourd'hui on leur a ôté leurs fers! »

LE DÉVELOPPEMENT DE L'ESCLAVAGE

Les *esclaves* devenaient de plus en plus nombreux. Au début, les Romains n'en avaient eu qu'un fort petit nombre. Mais lorsque les guerres hors de l'Italie commencèrent, des centaines de milliers d'esclaves furent jetés sur le marché. Scipion Emilien vendit d'un seul coup 35000 Carthaginois, et après une victoire sur les Sardes l'expression « Sarde à vendre » devint synonyme de « marchandise sans valeur ». On acheta des esclaves à moins de 14 francs la pièce, alors qu'en général on les payait 1500[2]. Dès lors, sur leurs grands domaines, et dans leurs maisons, les riches en eurent plusieurs centaines, *parfois plusieurs milliers*. L'État lui-même employait une multitude d'esclaves, soit comme employés dans les bureaux et dans les temples, soit comme rameurs, etc.

LA CONDITION DE L'ESCLAVE

Aux yeux de la loi, un esclave n'est pas une personne, c'est une chose, ou, comme dit un historien latin, *un outil qui sait parler*; il n'a *aucun droit*. L'ensemble des esclaves d'un maître formait sa « *familia* ». Un riche qui possédait une maison à Rome et des propriétés à la campagne avait une double familia : l'une, la *familia urbana*, se composait des domestiques attachés à son service; l'autre, la *familia rustica*, était occupée aux champs, sous l'autorité

1. Les jeux seront étudiés plus longuement à propos de l'Empire.

2. Mais certains esclaves, comme les médecins, les pédagogues, les musiciens, les danseuses, étaient parfois achetés à des prix dix ou vingt fois plus élevés.

d'un intendant, esclave lui-même, et que le maître rendait responsable du bon état de l'exploitation.

Si le maître était satisfait d'un esclave, il pouvait le libérer c'est-à-dire l'*affranchir*. Il n'était plus alors son maître, mais son *patron*. L'affranchi était d'ailleurs tenu envers lui, sa vie durant, à un certain nombre d'obligations; s'il ne les remplissait pas, il pouvait être à nouveau réduit en esclavage. Souvent il restait dans la maison de son ancien maître, lui servant de secrétaire ou d'homme d'affaires. L'un des plus intimes amis de Cicéron fut son affranchi *Tiron*. L'affranchi avait le droit de propriété et le droit de vote, mais il ne pouvait pas être magistrat, non plus que ses enfants. Ses petits enfants seulement avaient tous les droits des citoyens.

MISÈRE DES ESCLAVES

La vie des esclaves avait toujours été très dure. Cependant jadis quand le maître n'en avait que quelques-uns, tous Italiens prisonniers de guerre, il les traitait parfois avec une certaine douceur : il les associait au culte domestique et, après leur mort, les enterrait religieusement, il travaillait et mangeait avec eux; parfois même il les libérait au bout de six années. Mais quand le maître eut des centaines d'esclaves, tous étrangers, il n'eut plus aucun rapport avec eux, ni à plus forte raison aucune intimité, et leur vie devint souvent effroyable. Jamais aucun repos au cours de l'année, sauf à la fin de décembre pendant les *Saturnales*. Même aux jours fériés où le bétail chôme, l'esclave travaille; il doit, dit Caton, « nettoyer les fossés, paver le grand chemin, couper les ronces, bêcher le jardin, ôter des prés les mauvaises herbes, arracher les épines, broyer les blés, curer les réservoirs. »

Que l'esclave prenne garde à lui : les châtiments l'attendent à la moindre faute; ce sont les verges, le fouet, les chaînes, le travail du moulin, l'exploitation, si dure, des carrières et des mines, la prison souterraine ou *ergastule*, enfin le supplice de la croix. Les auteurs latins sont remplis d'affreux détails sur la cruauté des maîtres.

Voici comment, dans une comédie de *Plaute*, un maître donne ses ordres à ses esclaves : « Allons, venez, approchez, vauriens trop chèrement nourris, trop chèrement achetés, dont pas un n'aurait l'idée de bien faire, et de qui je ne peux tirer aucun service qu'en m'y prenant de la sorte (*Il les bat*). Je n'ai pas vu d'ânes comme ces animaux-là, tant ils ont les côtes endurcies aux coups. Qu'on les batte, on leur fait

SUPPLICES ET TRAVAUX DES ESCLAVES.

D'après des statuettes de la Bibliothèque Nationale et un bas-relief de Capoue.

Les esclaves étaient en général plus durement traités à Rome qu'en Grèce. La gravure nous montre quelques-uns des supplices qui leur étaient infligés : de gauche à droite, 1° esclave attaché à un poteau — il a des entraves aux chevilles, et le poignet gauche serré dans un anneau de fer, placé très haut pour rendre la position plus douloureuse; 2° supplice du carcan, aujourd'hui encore usité en Chine —.l'esclave, qui est une sorte de nain, a la tête et les mains prises dans une lourde planche ; 3° supplice de la fourche — l'esclave est pendu par le cou à un poteau qui se termine en forme de fourche. — Au-dessous, esclaves au travail : enfermés dans une roue, ils la font tourner pour dresser à l'aide de cordes un fût de colonnes. Il y a peu de temps, aux environs de Paris, on employait encore une roue analogue pour extraire les pierres des carrières.

moins de mal qu'à soi-même. Telle est leur nature; c'est la mort aux étrivières.... Or ça si vous n'écoutez tous l'ordre que je vous signifie...., je vous arrangerai les reins d'importance ; ils seront plus chamarrés de dessins et de couleurs que les tentures campaniennes et la pourpre à ramages des tapis d'Alexandrie.... Vous êtes de si mauvais sujets, de tels fainéants, une si misérable engeance qu'il faut vous avertir de votre devoir à coups de fouet.... Non, par Pollux, votre cuir ne surpassera pas en dureté le cuir de mon fouet (*Il frappe*). Hein ! hein ! le sentez-vous ? Tenez voilà comme on en donne aux serviteurs désobéissants. » (PLAUTE, *Pseudolus*, trad. Naudet, Garnier édit.)

Il en sera ainsi jusqu'à la fin de l'histoire romaine, malgré les efforts de quelques philosophes et de quelques empereurs. Au début de l'ère chrétienne, un maître jetait aux murènes les esclaves qu'il voulait punir et se plaisait à les voir dévorer. Et les femmes n'étaient pas moins cruelles que les hommes.

Le poète Juvénal nous montre une dame romaine ordonnant le supplice d'un esclave. Son mari l'interroge : « Au supplice ! l'a-t-il mérité ?... Quand il s'agit de condamner un homme, on ne saurait trop différer. » — « Extravagant que vous êtes ! Un esclave est-il un homme ? Innocent ou coupable il périra, je le veux, je l'ordonne ; ma volonté suffit. » Une autre fait fouetter ses esclaves tout en s'occupant d'autre chose : « Déjà les bâtons volent en éclats ; le sang coule dans la maison sous les fouets et les lanières.... On frappe, elle se peint le visage, donne audience à ses amies, ou regarde l'or et le dessin d'une robe nouvelle ; on continue de frapper, elle parcourt les articles d'un long journal ; on frapperait toujours, mais les forces manquent aux exécuteurs. « Sors, malheureux, sors d'ici » s'écrie-t-elle d'une voix de tonnerre. » (JUVÉNAL, *Satires*, trad. Panckoucke.)

LES RÉVOLTES D'ESCLAVES

Il était naturel qu'une vie aussi affreuse poussât les esclaves non seulement à haïr leurs maîtres (« autant d'esclaves, autant d'ennemis », disait un proverbe), mais encore à se révolter si l'occasion se présentait. L'année 134 av. J.-C. offrit un exemple terrible de ces *guerres serviles*. La cruauté d'un riche Sicilien, Damophile, provoqua le soulèvement de ses 400 esclaves ; ils appelèrent à la liberté leurs camarades de misère et il fallut s'y reprendre à cinq fois pour triompher de ces 200 000 révoltés qui pendant plusieurs années, furent maîtres de la Sicile. Trente ans plus tard, de 104 à 100, un nouveau soulèvement désola le pays.

NÉCESSITÉ D'UNE RÉFORME

Ainsi les grandes conquêtes avaient profondément transformé la société romaine. La disparition de la classe moyenne affaiblissait les ressources militaires de Rome et *ne laissait plus en présence que des riches, des pauvres et des esclaves*. Les nobles ne songeaient qu'à étendre leurs propriétés, à acheter les suffrages du peuple et, une fois magistrats, à se procurer des gouvernements fructueux. Les chevaliers pillaient les provinces; la plèbe urbaine se démoralisait chaque jour davantage.

Si l'on voulait conserver ce qui avait fait la puissance politique et la force morale de l'ancienne Rome, *il fallait au plus tôt rétablir la classe moyenne.*

CHANGEUR ROMAIN DERRIÈRE SON COMPTOIR.

Les changeurs étaient ceux qui pratiquaient le change des monnaies. Leurs boutiques s'élevaient pour la plupart autour du Forum.

CHAPITRE XV

LES ESSAIS DE RÉFORMES DE TIBERIUS ET CAÏUS GRACCHUS

Deux frères, Tiberius Gracchus, tribun en 133, et Caius Gracchus, tribun en 123, essayèrent l'un après l'autre de reconstituer la classe moyenne des petits propriétaires.

L'hostilité des nobles jointe à l'inertie du peuple fit échouer leur tentative; ils furent tous deux massacrés.

Ce double meurtre et les illégalités que les Gracques eux-mêmes avaient commises ouvrent la période sanglante des guerres civiles qui s'achèvera, un siècle plus tard, par la chute de la République et l'avènement de l'Empire.

LES GRACQUES

Tiberius et **Caïus Gracchus** étaient plébéiens, mais apparentés aux plus hautes familles de Rome. Leur père avait été deux fois consul, puis censeur. Leur mère, *Cornélie*, était la fille de Scipion l'Africain. Elle ne leur fit pas seulement donner une éducation soignée, elle leur apprit à ne pas mépriser les classes pauvres, et à compatir à leur misère. Aussi, quoique de la plus haute noblesse, les Gracques consacrèrent leur vie à *essayer de relever la condition du peuple*.

TIBERIUS GRACCHUS

Tiberius était l'aîné; il se mit le premier à la tâche. Il s'était fait connaître, tout jeune encore, en combattant en Afrique sous les ordres de son beau-frère Scipion Émilien, le vainqueur de Carthage. Questeur en Espagne il s'était acquis la confiance et l'estime des Espagnols. C'était un caractère très noble et très désintéressé, ennemi de toute injustice et de toute violence. Il n'avait rien d'un révolutionnaire, mais il souffrait de voir la misère des pauvres.

L'ORATEUR

Musée archéologique de Florence.

Tiberius et surtout Caïus Gracchus durent leur popularité pour une grande part à leur talent d'orateur. On peut se les représenter, parlant au peuple, d'après cette belle statue de bronze qui est une des œuvres les plus remarquables de l'art étrusque. L'orateur étend le bras droit d'un geste large: il porte la toge relevée sur l'épaule et le bras gauche: il est chaussé du calceus, *haute bottine de cuir souple, attachée par des courroies.*

Photo Alinari.

Plutarque met les paroles suivantes dans la bouche de Tiberius Gracchus : « Les bêtes sauvages répandues dans l'Italie ont chacune leur trou, leur tanière et leur repaire; et ceux qui combattent et meurent pour l'Italie n'ont que l'air et la lumière et puis rien : sans maison, sans demeure fixe, ils errent avec leurs enfants et leurs femmes. Les généraux mentent lorsque, dans les batailles, ils engagent les soldats à combattre les ennemis pour la défense des tombeaux et des temples : parmi tant de Romains, il n'y en a pas un qui ait un autel paternel, un tombeau d'ancêtres. Ils font la guerre et ils meurent uniquement pour le luxe et l'opulence d'autrui : on les appelle maîtres du monde, et ils n'ont pas à eux une motte de terre. » (PLUTARQUE, *Vie de Tib. Gracchus*, trad. Talbot.)

Élu tribun de la plèbe pour l'année 133, il voulut reconstituer la petite propriété en partageant entre les pauvres l'*ager publicus*.

L'AGER PUBLICUS

On appelait *ager publicus* — c'est-à-dire *domaine public* — les terrains que le Sénat avait enlevés aux peuples vaincus et qu'il louait moyennant une légère redevance à qui voulait les cultiver ou y faire paître ses troupeaux. Pour empêcher les riches de le confisquer tout entier à leur profit, une loi avait interdit qu'on en possédât plus de 125 hectares ; mais cette loi n'était plus observée : les grands propriétaires s'arrangeaient pour ne faire adjuger que d'immenses lots d'ager publicus ; dès lors eux seuls étaient assez riches pour les mettre en valeur. C'est avec les terres de l'ager publicus qu'ils s'étaient constitué au cours du deuxième siècle les immenses domaines qu'on appelait *latifundia*.

Tiberius pensa qu'en leur reprenant ce qu'ils s'étaient injustement attribué l'on pourrait donner des champs à des milliers de citoyens pauvres. Dès qu'il fut tribun, il proposa donc une ***loi agraire***.

LA LOI AGRAIRE

La loi agraire de 133, conformément à l'ancienne loi qui n'avait jamais été abolie, stipulait que nul ne pourrait avoir plus de 125 hectares d'ager publicus ; ceux qui en possédaient davantage rendraient le surplus à l'État. Les terres ainsi récupérées seraient *partagées entre les pauvres* à condition que ceux-ci les cultiveraient eux-mêmes, ne pourraient pas les revendre et paieraient une petite redevance à l'État. De plus, chaque propriétaire devrait employer, outre des esclaves, *un certain nombre d'ouvriers libres*, de sorte que les pauvres qui n'avaient pas de champs pourraient du moins gagner leur vie en louant leurs bras.

Pour rendre l'application de ces mesures moins pénible aux riches, la loi stipulait qu'ils n'auraient désormais aucune redevance à payer pour les 125 hectares qui leur restaient, qu'ils pourraient en outre en conserver 60 par enfant mâle, et qu'ils recevraient une indemnité pour les améliorations apportées par eux aux champs qu'on leur reprenait.

Une commission, composée de trois membres — les *triumvirs* — devait procéder à l'exécution de la loi.

L'OPPOSITION A LA LOI AGRAIRE

Cette loi était juste, sage et modérée. Elle avait d'ailleurs été approuvée par quelques uns des hommes les plus considérables de Rome : Appius Claudius, ancien censeur, le jurisconsulte Mucius Scevola et le grand pontife Crassus. *Mais elle était très difficile à appliquer.*

En effet, on ne savait plus exactement quelles étaient les terres qui avaient fait partie de l'ager publicus; de plus, beaucoup de ces terres avaient été données en dot, léguées par héritage, vendues si on les reprenait, on allait bouleverser complètement les fortunes, faire des procès à n'en plus finir. Enfin l'indemnité promise serait-elle suffisante et comment l'évaluer exactement?

Tels étaient les reproches que les riches faisaient à la loi agraire. Mais surtout ils étaient irrités à la pensée de perdre une partie des terres qu'ils possédaient. Et, par égoïsme, ils firent tout pour empêcher la loi de passer.

DÉPOSITION DU TRIBUN OCTAVIUS

Ils gagnèrent un autre tribun de la plèbe, *Octavius*, qui opposa son veto à la loi.

Devant cet obstacle qu'il n'avait pas prévu, Tiberius perdit toute modération : il supprima la clause relative à l'indemnité et aux 60 hectares par enfant mâle; il opposa lui-même son veto à toutes les mesures que prendraient les magistrats avant que sa loi ait passé. Enfin il décida de faire voter le peuple sur la question de savoir si Octavius ne devait pas être déposé, c'est-à-dire déchu de sa fonction de tribun. Quand dix-sept tribus sur les trente-cinq eurent demandé la deposition. Tiberius arrêta le vote, et se jetant dans les bras d'Octavius, le conjura au nom de leur vieille amitié de retirer son veto. Octavius fut très ému, il pleura, mais garda le silence, s'obstinant dans son opposition. Alors le vote reprit et Octavius fut déposé.

En agissant ainsi, Tiberius s'engageait dans la voie la plus dangereuse. *La déposition du tribun Octavius était une illégalité;* bien plus, étant donné le caractère sacro-saint des tribuns, *c'était un sacrilège.* Dès lors Tiberius eut contre lui non seulement les riches égoïstes, mais encore tous les modérés qui s'effrayaient de cette mesure révolutionnaire.

MEURTRE DE TIBERIUS

La loi agraire avait passé après la déposition d'Octavius, et elle fut appliquée. Mais Tiberius pour achever son œuvre voulut, contrairement à la coutume, se faire réélire tribun pour l'année suivante. Quand il se présenta aux suffrages (juillet 133), les nobles, qui déjà l'accusaient d'aspirer à la royauté et avaient tenté de l'assassiner, provoquèrent une émeute où il fut tué.

« Tiberius porte la main à sa tête pour faire comprendre d'un geste le péril qu'il court, puisque sa voix ne peut se faire entendre. Ses ennemis, voyant ce geste, courent au Sénat, et annoncent que Tiberius demande le diadème; et la preuve, c'est qu'il vient de porter la main à sa tête. Le trouble est général. Nasica requiert le consul de venir en aide à la République et d'exterminer le tyran. Le consul répond avec douceur qu'il ne veut pas de violence, et qu'il ne mettra pas à mort un citoyen sans forme de procès... Alors Nasica bondissant: « Puisque le premier magistrat abandonne la République, s'écrie-t-il, vous qui voulez les lois sauves, suivez-moi ! » A ces mots, il s'enveloppe la tête d'un pan de sa robe et marche droit au Capitole [où était alors réunie l'assemblée du peuple]. Les sénateurs prennent les morceaux et les pieds des bancs brisés par la foule en fuite, et montent vers Tiberius, en frappant tous ceux qui se rangent devant lui... Tiberius qui s'enfuit glisse et tombe sur d'autres renversés devant lui. Il se relève, mais le premier et au vu de tous, un de ses collègues lui frappe la tête d'un pied de banc; le second coup lui est porté par Lucius Rufus, qui s'en vanta depuis comme d'une belle prouesse. Tout le reste est tué, au nombre de plus de trois cents, à coups de bâtons et de pierres. » On jeta le cadavre de Tiberius dans le Tibre. « Ce n'est pas tout, continue Plutarque : on bannit une partie de ses amis sans les juger, on fait main basse sur les autres et on les tue. » (PLUTARQUE, *Vie de Tib. Gracchus*, trad. Talbot.)

CAÏUS GRACCHUS

Malgré la mort de Tiberius la loi agraire ne fut pas abrogée. La commission des triumvirs fonctionna pendant quelques années et distribua des terres aux pauvres. Le parti « populaire » qui voulait continuer l'œuvre de Tiberius fut même assez puissant pour faire arriver au tribunat pour l'année 123 son frère Caïus.

Caïus Gracchus était de neuf ans plus jeune que son aîné. Comme lui très instruit et de cœur généreux, il était plus entreprenant, plus impétueux, plus violent et pour tout dire *plus révolutionnaire*. Orateur passionné et véhément, il exerçait un grand ascendant sur ses auditeurs. Son élection fut triomphale.

« Il afflue à Rome, dit Plutarque, un tel concours de gens de toute l'Italie, pour prendre part à l'élection que beaucoup ne trouvent point à se loger et que le Champ de Mars devenant trop étroit pour cette multitude, plusieurs crient leurs votes de dessus les toits. » (PLUTARQUE, *Vie de C. Gracchus*, trad. Talbot.)

Caïus savait que l'œuvre réformatrice qu'il voulait entreprendre se heurterait toujours à l'hostilité de cette noblesse sénatoriale qui avait tué son frère, et qui déjà par deux fois avait tenté de l'écarter lui-même, d'abord en l'envoyant en Sardaigne comme questeur, puis en l'accusant de complicité avec des Italiens qui

EMPLOYÉS DE L'ANNONA.

D'après une fresque du cimetière de Sainte-Domitille à Rome.

L'annona ou le service de l'approvisionnement à Rome était placé sous le contrôle des édiles. La loi frumentaire de C. Gracchus l'obligea à fournir le blé à prix réduit à tous les citoyens romains. On ne devait pas tarder à en venir aux distributions gratuites.

s'étaient revoltés. Il fallait donc *rendre le Sénat impuissant* et pour cela l'isoler, *détacher de lui le peuple et les chevaliers.*

LA LUTTE CONTRE LE SÉNAT

Pour atteindre ce double résultat, Caïus fit voter la loi frumentaire et la loi judiciaire.

La *loi frumentaire* décidait que chaque mois tout citoyen pourrait acheter pour un prix très minime 43 litres de blé. C'était là un moyen, non seulement de donner de quoi vivre aux pauvres, mais aussi de diminuer la corruption électorale : désormais le peuple pourrait voter librement, même contre les ambitieux qui faisaient des distributions de blé, puisqu'il serait sûr de ne jamais manquer de pain.

Pour attirer à lui les sympathies des chevaliers, Caïus leur afferma les impôts de la nouvelle province d'Asie et leur accorda la *loi judiciaire* : jusque-là les tribunaux chargés de juger les crimes de corruption et les malversations commises dans les provinces, se composaient de sénateurs ; désormais ils devraient être recrutés parmi les chevaliers. Caïus opposait ainsi l'une à l'autre les deux classes riches. D'après Cicéron, il aurait dit lui-même : « J'ai jeté dans le Forum des épées avec lesquelles les Romains s'entre-tueront ».

D'ailleurs il ne se contentait pas d'affaiblir le Sénat par des moyens indirects; *il l'annihilait ouvertement*. Il lui enlevait, pour le donner au peuple, le droit de régler les questions financières et diplomatiques; il l'empêchait, par une loi sur la nomination des gouverneurs de provinces, d'avoir à sa discrétion les consuls. Le Sénat ne comptait plus à Rome. Appuyé sur l'assemblée du peuple et réélu tribun une deuxième fois pour l'année 122, Caïus Gracchus était le véritable chef de l'État.

LES RÉFORMES DE CAIUS

Caïus avait de vastes projets. Il voulait transformer la République, la rendre *plus démocratique*, à la fois en améliorant le sort du peuple et en augmentant le nombre des citoyens.

Pour améliorer le sort du peuple, Caïus fit appliquer activement la *loi agraire* de son frère Tiberius. Il voulut la compléter par la *fondation de colonies* qui devaient être, non plus des postes stratégiques en pays conquis, mais de véritables établissements de colons dans des régions dépeuplées ou sur l'emplacement de villes détruites par la guerre. Il proposa d'en créer, hors d'Italie même, à *Narbonne* dans la Gaule transalpine, à *Corinthe* en Grèce, à *Carthage* en Afrique.

D'autre part, pour élargir le corps des citoyens, Caïus projeta hardiment d'accorder *le droit de cité aux Italiens*. Déjà Tiberius y avait songé, ainsi que son beau-frère Scipion Emilien. Caïus savait que la réforme serait difficile à réaliser : aussi crut-il prudent de ne demander d'abord le droit de cité que pour les Latins. Mais on vit alors ce qu'était l'égoïsme de la plèbe urbaine et la force des préjugés romains. Un ennemi de Caïus, le consul *Fannius*, représenta au peuple que les Italiens prendraient toutes les bonnes places à Rome. « Croyez vous, dit-il, qu'après avoir conféré le droit de cité aux Latins, vous aurez la même place dans les comices, dans les jeux, dans les amusements publics? » La loi fut repoussée. C'était un échec grave pour Caïus. Sa popularité en fut profondément ébranlée.

L'OPPOSITION A CAIUS

Cependant le Sénat, reprenant courage, cherchait par tous les moyens à abattre son adversaire. Fort habilement il eut recours à une politique de surenchère : à chaque proposition de Caïus Gracchus, le tribun *Livius Drusus*, d'accord avec le Sénat, opposa un projet plus avantageux encore pour le peuple; par exemple quand Caïus proposait de fonder quatre colonies, il proposait d'en fonder

Photo Alinari.

L'AVENTIN.

L'Aventin, dont les pentes dominent la rive gauche du Tibre, était dans la Rome ancienne le quartier populaire, plébéien : c'est pourquoi Caïus Gracchus s'y réfugia avec ses partisans. Mais il n'essaya pas de lutter et préféra mourir.

douze. La foule se laissa prendre à cette ruse grossière et se détacha peu à peu de Caïus.

Puis l'opposition réussit à éloigner Caïus de Rome en faisant voter un plébiscite qui le chargeait d'aller fonder lui-même la colonie de Carthage. Durant son absence, ses adversaires eurent beau jeu pour l'attaquer. Ils firent si bien, qu'à son retour, Caïus ne réussit pas à se faire réélire tribun, tandis qu'un de ses ennemis les plus acharnés, *Opimius*, était élu consul.

MORT DE CAIUS GRACCHUS

A peine entré en charge, Opimius proposa d'abroger la loi sur la colonie de Carthage, sous prétexte qu'il était sacrilège d'établir une colonie sur le sol que Scipion Emilien avait déclaré maudit et consacré aux dieux. En fait, il ne cherchait qu'un moyen de provoquer et d'abattre Caïus Gracchus. Celui-ci vint défendre son œuvre devant l'Assemblée. Mais la discussion dégénéra en bagarre un licteur fut tué. Aussitôt le Sénat investit Opimius de pouvoirs dictatoriaux ; à la tête d'une troupe composée de nobles et d'agents de police, le consul s'élance à l'assaut du mont Aventin où Caïus s'est réfugié ; l'Aventin est pris ; Caïus en fuite passe le Tibre entre dans un bois sacré et se fait tuer par un esclave (121).

« On dit, raconte Plutarque, qu'un homme coupa la tête de Caïus, et que, comme il la portait au consul, un des amis d'Opimius, nommé Septimuleius, la lui prit des mains, parce que, au commencement du combat, on avait fait publier qu'on donnerait un poids égal d'or à ceux qui apporteraient les têtes de Caïus et de Fulvius [un partisan de Caïus]. Septimuleius avait ajouté la fraude au crime : il avait enlevé la cervelle et coulé du plomb à la place... Les corps de Caïus et de Fulvius et de tous les autres sont jetés dans le Tibre. Il y en avait eu trois mille de tués : leurs biens sont confisqués au profit du Trésor. On défend à leurs femmes de porter le deuil : Licinia, veuve de Caïus, est privée de sa dot. » (PLUTARQUE, *Vie de C. Gracchus*, trad. Talbot.)

CONSÉQUENCES DE L'ÉCHEC DES GRACQUES

La victoire du Sénat eut pour conséquence la *ruine de la grande réforme agraire* que les Gracques avaient entreprise. La loi agraire ne fut pas immédiatement abolie, mais on permit aux pauvres de vendre les lots qu'ils avaient obtenus, et beaucoup usèrent de la permission, aimant encore mieux vivre à Rome dans la misère que travailler aux champs. Les nobles s'empressèrent d'acheter les terres disponibles et de reconstituer leurs grands domaines. Ainsi la *classe moyenne des petits propriétaires acheva de disparaître.*

Désormais, il n'y eut plus à Rome en présence que la classe riche et la plèbe affamée l'une ayant tout et ne voulant rien céder, l'autre réclamant sa part des jouissances de la vie, toutes deux opposées d'appétits et d'intérêts et décidées à recourir aux moyens les plus violents pour les satisfaire. *Les Gracques eux-mêmes, réformateurs désintéressés et sincères, n'avaient-ils pas donné l'exemple des illégalités et des violences ?* Cet exemple ne sera pas perdu. Après les réformateurs viendront les ambitieux qui, s'appuyant les uns sur le Sénat, les autres sur le peuple, chercheront à s'emparer du pouvoir suprême. On approche de la période des guerres civiles qui se termineront par la ruine de la République et l'établissement de l'Empire.

CHAPITRE XVI

LES GUERRES CIVILES — MARIUS ET SYLLA

Le peuple de Rome, qui avait laissé massacrer les Gracques, s'engoua d'un général, Marius, vainqueur de Jugurtha (105), des Cimbres et des Teutons (102-101). Mais Marius, élu six fois consul, se montra incapable de gouverner l'Etat.

La gloire de Marius fut bientôt éclipsée par celle de Sylla, vainqueur des Italiens révoltés (88) et de Mithridate (84). Après une lutte sanglante et d'affreux massacres, Sylla l'emporta et gouverna Rome en maître absolu (82).

Aristocrate convaincu, Sylla méprisait la plèbe. A l'inverse des Gracques, il essaya de rétablir à Rome l'autorité du Sénat et la suprématie de la noblesse. Après quoi, il abdiqua (79).

I

MARIUS — JUGURTHA ET LES CIMBRES

DOMINATION DE LA NOBLESSE

La noblesse, victorieuse des Gracques, avait repris le pouvoir et le garda pendant quinze ans (121 à 107). N'ayant aboli ni la loi frumentaire ni la loi judiciaire, elle espérait avoir désarmé l'opposition du peuple et des chevaliers. *Mais son gouvernement fut très mauvais :* à l'intérieur, des scandales atteignirent les plus hauts magistrats ; au dehors, Rome connut l'humiliation d'être tenue en échec par un roi barbare d'Afrique, *Jugurtha*.

LA GUERRE DE NUMIDIE

Jugurtha était le petit-neveu de Massinissa, roi de *Numidie*, allié et protégé de Rome. Il avait reçu en héritage une partie de ce royaume — notre Algérie —, mais, comme il était ambitieux et rusé, il entreprit d'enlever le reste à ses cousins, petit-fils de Massinissa. Il fit assassiner l'un d'eux. Sur la plainte de l'autre, le Sénat intervint. Les commissaires qu'il envoya en Afrique furent *achetés par Jugurtha* et lui donnèrent raison. Jugurtha continua de s'agrandir, massacra son rival, massacra même des négociants romains et l'on dut lui faire guerre. Il *acheta le consul* envoyé contre lui. Cité à comparaître à Rome, il osa venir et *acheta un tribun*, qui lui interdit de parler lorsqu'on lui demanda de se disculper.

Photo Hachette.

MONNAIE DE JUGURTHA.

Bibliothèque Nationale. Cabinet des Médailles.

Peu d'adversaires furent pour les Romains aussi difficiles à vaincre que ce chef numide, ambitieux sans scrupules, audacieux et rusé. La monnaie numide porte au revers l'éléphant, alors très répandu dans l'Afrique du Nord.

« Ville à vendre, s'écria-t-il en partant, il ne manque qu'un acheteur! » De retour en Afrique, il réussit à cerner l'armée romaine et l'obligea à capituler (109).

Le scandale fut si grand que le Sénat dut prendre des mesures énergiques. Il confia la direction de la guerre à *Metellus*, patricien réputé pour son intégrité et ses talents militaires. Bien secondé par son lieutenant *Marius*, Metellus remporta de grands succès. Mais Jugurtha restait insaisissable et la campagne traînait. Il était réservé à Marius de la terminer.

MARIUS

Caïus Marius était né en 155 à Arpinum dans le Latium, d'une famille aisée de citoyens romains. Il s'était distingué au siège de Numance et y avait gagné l'estime de quelques nobles qui s'intéressèrent à lui quoiqu'il ne fût pas de leur caste. Il devint tribun, préteur, propréteur en Espagne et, à son retour, fit un riche mariage dans la famille des Julii, l'une des plus anciennes de Rome. Peu après, Metellus l'emmena comme légat en Afrique.

Il s'y montra excellent officier, très aimé des soldats dont il partageait toutes les fatigues. Mais, sous des manières simples, rudes et toutes militaires, Marius cachait une ambition ardente. En l'an 108, il demanda à Metellus l'autorisation d'aller à Rome briguer le consulat. Metellus, choqué de cette prétention de la part d'un homme qui n'était pas noble, refusa d'abord en termes d'une ironie méprisante : « Attends, lui dit-il, que mon fils ait l'âge[1] ». Il ne céda enfin qu'à la dernière limite. Plein de rancune contre la noblesse, *Marius se tourna du côté du parti populaire :* il fut élu consul pour l'année 107 et, malgré le Sénat, il obtint de remplacer Metellus à la tête de l'armée d'Afrique.

Photo Alinari.

MARIUS.
Musée du Vatican.

On n'est pas absolument sûr que ce buste soit celui de Marius. Ce serait en tout cas un Marius déjà vieilli. Visage tourmenté, auquel les sourcils épais tombant sur les gros yeux, le nez très écarté de la bouche, la lèvre inférieure épaisse et pendante donnent une expression de vulgarité et de brutalité cynique.

Voici, d'après l'historien Salluste, en quels termes Marius harangua le peuple : « Et maintenant, Romains, à ces patriciens superbes, comparez Marius, homme nouveau. Ce qu'ils entendent raconter, ce qu'ils lisent, moi je l'ai vu, je l'ai fait moi-même ; ce qu'ils apprennent dans des livres, moi je l'ai appris dans les camps... Chaque fois, pour ainsi dire, qu'ils prennent la parole soit devant vous, soit au Sénat, ils n'ont à la bouche que l'éloge de leurs ancêtres ; comme si, en rappelant les belles actions de ces grands hommes, ils se faisaient eux-mêmes plus illustres ! C'est juste le contraire : plus la vie des uns eut

1. Le fils de Metellus avait à peine vingt ans : or il fallait avoir trente-sept ans au moins pour se présenter au consulat.

d'éclat, plus la nullité des autres est dégradante... Je ne puis, pour justifier votre confiance, étaler ni les images, ni les triomphes, ni les consulats de mes aïeux : mais s'il le faut je montrerai des javelines, un étendard, des colliers d'honneur, et bien d'autres récompenses militaires : je montrerai surtout les cicatrices qui sillonnent ma poitrine. Ce sont là mes images, c'est là ma noblesse : images, noblesse que je n'ai point, comme eux, recueillies par héritage, mais que j'ai moi-même conquises à force de travaux et de périls ! » (SALLUSTE, *Guerre de Jugurtha*, chap. LXXXV, trad. Croiset.)

RÉFORMES MILITAIRES DE MARIUS

Avant de reprendre la guerre contre Jugurtha, Marius réforma profondément l'armée. Il supprima les manipules et divisa la légion en dix *cohortes*. Les vélites furent désormais choisis parmi les troupes auxiliaires ; et tous les légionnaires eurent les mêmes armes.

Mais la réforme la plus importante fut celle du recrutement. Jusqu'alors, l'armée romaine se composait de citoyens enrôlés par ordre pour la durée d'une campagne, et ceux qui ne possédaient rien en étaient exclus. Pour augmenter les effectifs qui diminuaient par suite de la disparition de la classe moyenne, Marius ouvrit les légions à ceux qui n'avaient rien, les *prolétaires*, et à tous ceux, quels qu'ils fussent, qui voulaient s'engager, par amour du métier militaire.

Cette réforme eut les conséquences les plus graves. Elle changea du tout au tout le caractère de l'armée romaine. Désormais celle-ci ne sera plus, comme par le passé, une armée de citoyens, tout dévoués aux lois de la République ; elle sera une *armée de soldats de métier*, tout dévoués aux chefs qui les mènent au pillage. Qu'un général ambitieux veuille renverser la constitution et dominer l'État, ses soldats n'hésiteront pas à le suivre, espérant bien que sa victoire les comblera d'honneurs et d'argent. Ainsi, *la réforme de Marius contenait en germe la guerre civile et la dictature des généraux*.

LA FIN DE JUGURTHA

Cependant Jugurtha, avec l'aide de *Bocchus*, roi de Maurétanie — le Maroc actuel —, avait regagné du terrain. De retour en Afrique, Marius mena vigoureusement la campagne, traquant l'ennemi sans trêve par le moyen de colonnes légères : c'est de la même façon que, dans le même pays, les Français sont venus à bout de l'Arabe Abd-el-Kader qui combattait comme le Numide Jugurtha. Bocchus, vaincu et découragé, finit par livrer Jugurtha à un des officiers de Marius, le questeur *Sylla*.

CAVALIERS NUMIDES.
D'après les bas-reliefs de la colonne Trajane.

La guerre de Numidie rappelle notre guerre d'Algérie. Montés comme les Arabes sur de petits chevaux infatigables, les Numides pratiquaient une guerre d'escarmouches et de harcèlement. Une fois soumis, de même que les Arabes dans nos armées, les Numides furent employés comme auxiliaires dans les armées romaines, ainsi que le montrent ces bas-reliefs du deuxième siècle ap. J.-C. Les Numides montent sans selle, sans bride et sans étriers ; ils portent les cheveux bouclés.

La Numidie soumise, Marius revint à Rome où il célébra un magnifique triomphe (104). Avant même qu'il fût de retour, il avait été *réélu consul,* contrairement à la loi, parce qu'il paraissait seul capable de sauver l'Italie du danger qui la menaçait alors : l'*invasion des Cimbres et des Teutons.*

LES CIMBRES ET LES TEUTONS

Ces deux peuples étaient des barbares de Germanie. Venus des bords de la Baltique, ils s'étaient mis en route vers le Sud, avec leurs femmes, leurs enfants, leurs bestiaux, leurs chariots couverts de cuir, en quête de terres plus fertiles. Après avoir écrasé une armée romaine dans les Alpes orientales (113), ils se détournèrent vers l'Ouest, ravagèrent la Gaule, puis, descendant le Rhône, ils

COUPE DE LA PRISON DU TULLIANUM.

Fait prisonnier et amené à Rome, Jugurtha fut jeté dans la prison du Tullianum, *où on le laissa mourir de faim. Cette prison, la plus ancienne de Rome, existe encore aujourd'hui : elle se compose de deux pièces superposées. Par le trou qui les fait communiquer, on précipitait les condamnés dans la pièce inférieure, cachot humide et sombre d'où ils ne devaient jamais plus sortir.*

envahirent la Province romaine. Quatre fois en cinq ans, les légions se firent battre, et leur dernière défaite, à *Orange* (105), fut un désastre : 60 000 Romains y périrent.

Heureusement pour Rome, les barbares, au lieu d'envahir l'Italie, allèrent piller l'Espagne. A leur retour (102), ils se divisèrent. Les Cimbres franchirent à nouveau le Rhin et traversèrent les Alpes orientales pour déboucher dans la plaine du Pô par le Nord. Pendant ce temps les Teutons, prenant la route la plus courte, marchèrent sur l'Italie par la Provence. Ils s'y heurtèrent à Marius.

VICTOIRES D'AIX ET DE VERCEIL

Marius avait eu tout le temps d'aguerrir son armée en la soumettant à une rude discipline. Quand l'ennemi fut en vue, il refusa longtemps le combat, de façon à accoutumer ses soldats à l'aspect farouche des Barbares. Enfin, près d'***Aix***, il engagea la bataille : après deux jours de lutte, les légions romaines eurent raison des Germains et en firent un terrible carnage (102).

Mais le péril, écarté à l'Ouest, reparaissait au Nord. Le collègue de Marius, *Catulus*, avait dû reculer devant les Cimbres jusqu'au sud du Pô. Marius courut à son secours et livra bataille dans la plaine de ***Verceil***. C'était en plein été : accablés par la chaleur, éblouis par le soleil qu'ils avaient en face, les barbares se firent massacrer.

« Quand, dans leur fuite, raconte Plutarque, on les eut repoussés jusqu'à leurs retranchements, on vit se produire les scènes les plus tragiques. Les femmes, vêtues de noir, placées sur les chariots, tuent les fuyards, celles-ci leurs maris, celles-là leurs frères et leurs pères, puis, étranglant de leurs propres mains leurs enfants, elles les jettent sous les roues des chariots et sous les pieds des bêtes de somme et s'égorgent elles-mêmes. On dit que l'une d'elles se pendit à l'extrémité d'un timon avec ses deux enfants attachés par le cou à chacun de ses talons. Les hommes, faute d'arbres, se lient le cou aux cornes et aux jambes des bœufs, les piquent de l'aiguillon, et périssent ainsi étranglés ou écrasés par ces animaux. Quoique beaucoup se fussent détruits de la sorte, on en prit plus de 60 000 et l'on en tua deux fois autant. » (PLUTARQUE, *Vie de Marius*, trad. Talbot.)

MARIUS ET LE PARTI DÉMOCRATIQUE

Marius, qui était alors consul pour la cinquième fois, revint à Rome au milieu d'un enthousiasme extraordinaire. On lui décerna le titre de *troisième Romulus* — le second avait été Camille —, et les citoyens lui offrirent des libations comme à un dieu. Grisé par ces honneurs, il voulut conserver le pouvoir dont il avait joui sans interruption depuis quatre ans. A cet effet, il s'entendit avec deux chefs du parti populaire, *Saturninus* et *Glaucia*. Glaucia fut nommé préteur, Saturninus tribun de la plèbe et Marius lui-même consul pour la sixième fois.

Mais Marius, général expérimenté, n'entendait rien à la politique. Il fut le jouet d'ambitieux sans scrupules qui se servaient de son nom et de sa popularité pour dominer Rome et terroriser leurs adversaires Les émeutes succédaient aux émeutes. Marius, qui était un homme d'ordre, finit par être dégoûté de cette anarchie. Obéissant à une sommation du Sénat, il marcha lui-même contre ses complices : après une sanglante bataille de rues, Saturninus et Glaucia furent massacrés. L'aristocratie reprit le pouvoir et Marius, déconsidéré, quitta Rome (100).

II

RIVALITÉ DE MARIUS ET DE SYLLA

LA QUESTION ITALIENNE

A peine le Sénat avait-il triomphé des chefs populaires qu'il se trouva en face d'un grave péril, le plus grave que la République eût connu depuis la sécession de la plèbe : la *révolte italienne*.

Parmi les peuples soumis à Rome, les Italiens étaient relativement les mieux traités [1]. Beaucoup avaient été assimilés aux Latins et possédaient une partie des droits des citoyens romains. *Ils voulaient plus : le droit de cité complet*. Ils avaient d'abord espéré l'obtenir en récompense de la loyauté dont ils avaient fait preuve pendant la deuxième guerre punique. Mais tout au contraire ils furent plus durement traités après la victoire : en 187 le Sénat expulsa de Rome plus de 12000 Latins d'un seul coup ; il augmenta les charges militaires des Italiens, sans augmenter leur part de butin ; enfin certains magistrats romains persistaient à se conduire en Italie comme en pays conquis.

« Dernièrement, s'écriait dans un de ses discours C. Gracchus, notre consul étant à Teanum, sa femme voulut aller aux bains des hommes. Le questeur de la ville chargea un citoyen nommé M. Marius de les faire évacuer, mais il y eut quelque retard. La matrone s'indigne, et le consul ordonne à ses licteurs de saisir Marius, d'arracher ses vêtements, de le lier au poteau, au milieu de la place publique, et de le battre de verges, lui le premier citoyen de la ville. A Ferentinum, pour le même motif, notre préteur ordonna l'arrestation des questeurs : l'un se précipita du haut des murs, l'autre fut battu de verges. » (PLUTARQUE, *Vie de Caïus Gracchus*, trad. Duruy.)

A plusieurs reprises, des hommes d'Etat clairvoyants avaient proposé de donner satisfaction aux Italiens. On a vu que Caïus Gracchus l'avait essayé sans succès. Le fils de son ancien adversaire, *Livius Drusus*, élu tribun en 91, l'essaya à son tour : il fut assassiné, et sa mort, ruinant les derniers espoirs des Italiens, fut le signal de la révolte.

1. Voir ci-dessus, page 83.

LA GUERRE SOCIALE

Le soulèvement ne fut pas général. L'Ombrie, l'Etrurie, les colonies latines et grecques ne bougèrent pas. Les révoltés furent principalement les peuples de la montagne au centre et au sud de l'Italie : *Sabins*, *Marses*, *Samnites*, *Lucaniens*. Ils formèrent une confédération avec une capitale, Corfinium, qu'ils appelèrent *Italica*.

La révolte italienne est connue sous le nom de ***guerre sociale***, parce que les Italiens portaient le titre de *socii* ou alliés de Rome. Elle dura deux ans (90-88) et fut extraordinairement acharnée. Les révoltés avaient appris à faire la guerre aux côtés des Romains; et la haine qu'ils avaient au cœur faisait d'eux des adversaires impitoyables. Dans beaucoup de villes, les Romains et leurs partisans furent atrocement suppliciés ; il y eut même des femmes scalpées.

Au début, les révoltés furent vainqueurs et l'on put croire que la révolte allait gagner l'Ombrie et l'Etrurie. Pour les retenir, le Sénat accorda le *droit de cité à tous les Italiens restés fidèles*, puis, pour disloquer la coalition, *à tous les révoltés qui déposeraient les armes dans un délai de deux mois*. Cependant, l'ancien questeur de Marius, *Sylla*, menait la campagne vigoureusement, reprenait l'avantage et s'emparait des principales places fortes des insurgés. Les Samnites, tenaces comme ils l'avaient été deux siècles auparavant, furent les derniers à résister ; la révolte était partout écrasée, que leurs bandes, refusant de se soumettre, tenaient encore dans la montagne.

IMPORTANCE DES RÉSULTATS

Rome était victorieuse. Pourtant la guerre sociale eut pour résultat ce qui avait été la principale revendication des révoltés : *l'extension du droit de cité romaine à tous les Italiens*. Les vaincus eux-mêmes l'obtinrent du Sénat en 87.

C'est là un fait de la plus grande importance, sans précédent dans l'histoire de l'antiquité. Auparavant Rome était la cité maîtresse de l'Italie. Dorénavant, elle ne devait plus en être que la capitale, au même titre que Paris est capitale de la France. Un jour viendra où tous les autres peuples soumis à Rome recevront eux aussi le droit de cité, deviendront les égaux des Italiens, jouiront des mêmes droits et obéiront aux mêmes lois. Le don du droit de cité aux Italiens est le début de cette grande œuvre d'unification du monde antique qui ne s'achèvera que trois cents ans plus tard sous l'empire.

SYLLA
d'après BERNOULLI, *Die Bildnisse berühmter Römer.*
Walter de Gruyter éd., Berlin.
De face, le trait le plus frappant est la mâchoire large et carrée signe de volonté brutale et d'entêtement. Le profil, plus remarquable encore, a quelque chose d'aigu et d'inquiétant: on y retrouve bien celui que ses contemporains avaient surnommé « le lion-renard ».

SYLLA

Marius avait reçu un commandement au début de la guerre sociale; déjà vieilli, il ne s'était guère distingué. Tout l'honneur de la victoire revenait à son ancien lieutenant, devenu son rival détesté, ***Sylla***. *Lucius Cornelius Sylla* appartenait à une famille de la haute noblesse, mais qui était presque ruinée. Ses yeux bleus au regard dur, son teint rouge foncé parsemé de plaques blanches lui donnaient une physionomie étrange : « une mûre saupoudrée de farine », disait de lui un Athénien railleur. Au moral aussi, c'était un homme étrange, au caractère inégal et déconcertant : tantôt servile et flatteur, tantôt arrogant à l'extrême; capable des pires débauches, passant des journées et des nuits à boire et à jouer en compagnie d'acteurs et de bouffons, mais capable en même temps des travaux les plus rudes, possédant toutes les qualités de l'homme d'action et du chef; à la fois courageux et rusé, ce qui lui valut le surnom de lion-renard ; d'ailleurs passionnément ambitieux, complètement dépourvu de scrupules, vindicatif et cruel, et prêt à tout pour s'emparer du pouvoir.

RIVALITÉ DE MARIUS ET DE SYLLA

Au lendemain de la guerre sociale, il fallut désigner un chef pour aller combattre un nouvel ennemi, le roi du Pont, *Mithridate*. C'est alors qu'éclata la rivalité de Marius et de Sylla. Egalement ambitieux et jaloux l'un de l'autre, les deux hommes se disputèrent le commandement.

Sylla, patricien, avait les préférences du Sénat qui le nomma chef de l'armée d'Asie. Alors Marius se rejeta vers le parti populaire que dirigeait le tribun *Sulpicius*. Des troubles éclatèrent, le sang coula de nouveau sur le Forum, et, par un plébiscite voté illégalement, Marius fut désigné à la place de Sylla pour conduire la guerre contre Mithridate.

Mais Sylla, bien décidé à ne pas se laisser faire, agit avec rapidité et audace. Il courut en Campanie où se concentraient ses troupes, qui lui étaient toutes dévouées et qui l'acclamèrent. A leur tête il marcha sur Rome, avant que Marius ait eu le temps de réunir une armée, et, franchissant l'enceinte sacrée, *il entra dans la ville avec ses légions, acte sacrilège, formellement interdit, devant lequel les plus audacieux avaient jusque-là reculé*. Marius, en fuite, se cacha dans les marais de la côte près de Minturnes, puis, après toutes sortes d'aventures, réussit à passer en Afrique. Sylla le fit mettre hors la loi, lui et ses complices, rétablit l'autorité du Sénat, et, sans plus tarder, partit pour la Grèce.

Photo Hachette.

MITHRIDATE.

Bibliothèque Nationale. Cabinet des Médailles.

Le roi du Pont porte une abondante chevelure bouclée. Les traits sont vigoureux et réguliers. Mithridate était un véritable colosse, défiant tout rival à la course, à la chasse ou à table, capable d'exploits athlétiques comme de conduire un char à seize chevaux. Mais c'était aussi un esprit cultivé; il parlait vingt-deux langues et aimait à s'entourer de lettrés et d'artistes grecs.

GUERRE CONTRE MITHRIDATE

Il était temps. La domination romaine était menacée dans tout l'Orient par les entreprises ambitieuses de ***Mithridate***, qui devait être pour Rome un adversaire plus redoutable encore que Jugurtha. Mithridate était *roi du Pont* dans le nord de l'Asie Mineure. A demi barbare, à demi grec, colosse d'une force prodigieuse et esprit cultivé, il était dévoré d'ambition et rêvait de *dominer le monde hellénique*. Pour cela, il fallait d'abord en *expulser les Romains*.

Mithridate fit de grands préparatifs ; il réunit une flotte de 400 navires et une armée de 300 000 hommes. Il gagna facilement les sympathies des populations odieusement exploitées par les publicains. Puis, profitant de ce que Rome était occupée par la guerre sociale, il fit massacrer le même jour tous les Italiens de la province d'Asie — au nombre de 80 000 —. Délos, le principal centre commercial des Romains en Orient, fut occupé, et les armées de Mithridate envahirent la Grèce, dont plusieurs cités, notamment Athènes, se donnèrent à lui (88).

Pour réduire ce nouvel adversaire et rétablir la domination romaine, Sylla dut passer *quatre ans en Orient* (87-84). Il réussit d'abord à reprendre *Athènes*, après un siège difficile, qui se termina par un effroyable carnage (87-86). Par les deux victoires de *Chéronée* et d'*Orchomène* en Béotie[1], il se rendit maître de la Grèce (86). L'année suivante, il passa en Asie. Mithridate, renonçant provisoirement à la lutte, signa la *paix de Dardanos*, par laquelle il rendait toutes ses conquêtes, livrait la moitié de ses navires et payait une forte indemnité de guerre (85). Sylla rétablit partout l'autorité romaine et gorgea son armée de butin : il soutira plus de deux milliards à la province d'Asie et fit main basse sur les trésors des temples. Alors seulement il se rembarqua pour l'Italie (84).

DOMINATION ET MORT DE MARIUS

En son absence, les démocrates avaient repris le dessus. Marius, revenu d'Afrique et associé au consul *Cinna*, avait recruté quelques bandes de Numides, d'Italiens et d'esclaves. Il battit l'armée du Sénat et entra dans Rome. Sa victoire fut suivie d'un affreux massacre qui dura cinq jours.

Marius, raconte Plutarque, « descend dans Rome, entouré de sa garde d'élite, composée d'esclaves accourus sous ses ordres... Ces gardes tuent nombre de gens sur un mot, sur un signe de Marius. Ancharius, sénateur et préteur, s'étant présenté devant lui, et Marius ne lui ayant pas rendu son salut, ils se jettent sur lui et le frappent de leurs épées. Depuis ce moment, tous ceux qui saluaient Marius et auxquels il ne répondait point par un salut, ce fut le

1. Se reporter à la carte ci-dessus, page 131.

signal convenu de les égorger dans les rues. Aussi chacun des amis de Marius était-il saisi de terreur et d'effroi, toutes les fois qu'ils s'approchaient de lui pour le saluer.

« Après un grand nombre de meurtres, Cinna commençait à mollir : il était rassasié de carnage ; Marius, chaque jour l'âme plus aigrie, plus altérée de sang, se jetait sur tous ceux qu'il tenait en défiance. Toutes les rues, toute la ville était pleine de gens qui poursuivaient et traquaient des fugitifs. » (PLUTARQUE. *Vie de Marius*, trad. Talbot.)

Maître de Rome par la terreur, Marius fut consul pour la septième fois. Il déclara Sylla ennemi public et se fit donner le commandement de l'armée d'Asie. Il allait partir quand il mourut (86), laissant Rome aux mains de Cinna et de ses partisans.

LE RETOUR DE SYLLA

Les ennemis de Sylla essayèrent en vain de lui enlever son armée pendant qu'il combattait en Orient. Sylla déjoua toutes leurs tentatives. Au printemps de 83, il débarqua en Italie, à Brindes — le port actuel de Brindisi —, résolu à se venger impitoyablement.

Cinna était mort, mais les chefs du parti populaire, *Carbon* et le fils de Marius, *Marius le jeune*, avaient levé plusieurs armées. Sylla fut partout vainqueur, en Campanie, dans le Latium, en Etrurie. Les bandes samnites qui ne s'étaient pas soumises depuis la guerre sociale, essayèrent de s'emparer de Rome par surprise il les écrasa près de la *Porte Colline* (82). A la fin de l'année 82, la guerre civile était terminée : Sylla restait seul maître.

Entré à Rome, il se fit nommer ***dictateur***, non pas pour six mois comme la constitution l'exigeait, mais *pour un temps illimité*, avec le droit de vie ou de mort sur tous, et le pouvoir de changer la constitution. En fait, il devenait *souverain absolu*, plus puissant que ne l'avaient été les anciens rois.

PROSCRIPTIONS DE SYLLA

Sylla inaugura sa dictature par les plus sanglantes *proscriptions*. On appelait « proscription » l'affichage des noms des citoyens mis hors la loi : tous ceux dont le nom figurait sur les listes des *proscrits* pouvaient être tués impunément, leurs biens étaient confisqués et vendus, leurs enfants exclus à jamais des magistratures. Ainsi les proscriptions étaient pour Sylla un moyen de se débarrasser de tous ses adversaires, en même temps qu'un moyen de s'enrichir à bon compte, d'enrichir ses partisans et ses soldats.

Pendant six mois, ceux-ci égorgèrent et pillèrent dans toute l'Italie. Ils achetaient à vil prix les biens des condamnés. On vit un domaine de vingt millions acheté 570 francs, et le total des ventes monta malgré cela à plus de cent millions. Avec les biens confisqués, Sylla put distribuer à ses soldats 120000 lots de terre, principalement dans le Samnium et l'Etrurie, qui furent ainsi latinisés.

« Le nombre des victimes de la colère et de la haine était loin d'égaler celui des gens tués pour leurs richesses. Aussi les meurtriers pouvaient-ils dire que l'un devait la mort à sa grande maison, l'autre à son jardin, cet autre à ses eaux thermales... Un nommé Quintus Aurelius, homme éloigné de tout parti et qui ne se mêlait des affaires publiques que pour plaindre les victimes, étant allé sur le Forum, se mit à lire les noms des proscrits et y trouva le sien : « Malheureux que je suis, s'écria-t-il, c'est ma maison d'Albe qui me condamne! » Il avait à peine fait quelques pas, qu'un homme qui l'avait suivi l'égorgea. » (PLUTARQUE, *Vie de Sylla*, trad. Talbot.)

RÉFORMES DE SYLLA [1]

Ayant fait place nette, Sylla entreprit de réorganiser la République. Mais à l'inverse des réformateurs démocrates comme les Gracques, il voulut *rétablir l'ancien régime aristocratique, rendre au Sénat la première place dans l'Etat*. Il s'appliqua donc à abaisser et à désarmer tous ceux qui menaçaient l'autorité du Sénat: les chevaliers, les magistrats ambitieux, les tribuns de la plèbe, le peuple.

1° *Les chevaliers* furent ramenés à l'état où ils étaient avant C. Gracchus. Ils perdirent la ferme des impôts dans la province d'Asie et le droit de juger dans les tribunaux permanents.

2° Pour empêcher les *magistrats ambitieux* de violer la Constitution et de se rendre tout-puissants, Sylla fixa sévèrement la hiérarchie des magistratures et l'âge minimum pour les briguer : il interdit qu'un consul pût gérer un deuxième consulat moins de dix ans après avoir géré le premier, il décréta qu'à l'avenir les consuls et les préteurs seraient des magistrats purement civils, sans aucun pouvoir militaire : ils ne pourraient gouverner une province ou commander une armée qu'après être sortis de charge et être devenus proconsuls ou propréteurs; enfin il régla très exactement les droits des gouverneurs de province et les subordonna étroitement au Sénat.

1. Les lois de Sylla sont aussi appelées lois *cornéliennes* parce que Sylla s'appelait Lucius *Cornelius* Sylla. De même le calendrier corrigé par César s'appelle calendrier *julien* parce que César s'appelait Caïus *Julius* Cæsar.

3° Contre *les tribuns de la plèbe*, qui depuis les Gracques avaient été les plus violents adversaires de la noblesse, Sylla prit des mesures très rigoureuses. Il leur enleva le droit de veto et le droit de proposer immédiatement des lois au peuple, et décreta qu'ils ne pourraient, après leur tribunat, gérer aucune magistrature.

4° Enfin pour mater *le peuple*, il supprima la loi frumentaire, et décida que les comices ne pourraient jamais voter un projet de loi sans que celui-ci ait été au préalable accepté par le Sénat.

ABDICATION ET MORT DE SYLLA

Mais, puisque Sylla voulait restaurer l'ancienne République, sa dictature ne pouvait être que provisoire : il abdiqua donc dès l'année 79, se retira dans sa villa de Cumes, près de Naples, et écrivit ses mémoires tout en continuant sa vie de débauches. Il mourut l'année suivante, en 78, âgé de soixante ans. On lui fit des funérailles extraordinaires, on l'enterra au Champ de Mars, comme les anciens rois : il semblait qu'aucun honneur ne fût trop magnifique pour celui qui avait mis fin aux guerres civiles et rétabli la République dans son ancienne splendeur.

MONNAIE DE SYLLA.
Bibliothèque Nationale. Cabinet des Médailles.
Reproduction d'une statue équestre du dictateur que le Sénat fit ériger sur le Forum de son vivant.

CHAPITRE XVII

ROME APRÈS SYLLA
LES CAMPAGNES DE POMPÉE
LA CONJURATION DE CATILINA

L'œuvre de Sylla ne dura pas dix ans. Dès l'année 70 elle fut abolie par Pompée et Crassus, élus consuls après des campagnes victorieuses contre les rebelles Sertorius et Spartacus.

En vain, le grand orateur Cicéron essaya de former un parti modéré, pour protéger la République contre les ambitieux et les révolutionnaires. Il réussit à déjouer la conjuration de Catilina (63), mais il ne put empêcher la formation du premier triumvirat (60).

Des triumvirs, le plus illustre était Pompée, vainqueur des pirates et de Mithridate; le plus riche était Crassus; mais le plus ambitieux était Jules César.

I

LES CAMPAGNES DE POMPÉE

FRAGILITÉ DE L'ŒUVRE DE SYLLA

Sylla avait voulu mettre fin aux révolutions et rétablir l'ancien régime aristocratique, mais il l'avait fait en s'emparant du pouvoir par la force. Il avait ainsi détruit le respect et le pouvoir des lois qu'il prétendait restaurer. *Son œuvre ne dura pas, mais son exemple fut suivi.* Tous ceux qui commandaient une armée victorieuse aspirèrent à gouverner Rome, et les querelles des partis leur servirent de prétextes pour réaliser leurs desseins.

Un an à peine après la mort du dictateur, un ancien partisan de Marius, *Lepidus*, prit les armes contre le Sénat. Il fut vaincu (77), mais sa politique fut bientôt reprise par celui-là même qui venait de le vaincre, ***Pompée***.

POMPÉE VAINQUEUR DE SERTORIUS

Cnæus Pompée avait été pourtant le plus illustre partisan de Sylla. C'était un jeune noble, riche et brave. A l'âge de vingt-trois ans, il avait levé des soldats parmi les esclaves de ses domaines pour aider Sylla à triompher des partisans de Marius. En récompense, Sylla lui avait fait décerner le surnom de « Grand » et les honneurs du triomphe auxquels il n'avait pas droit. Plus vaniteux encore qu'ambitieux, Pompée rêvait de se signaler par de brillants exploits. Après avoir vaincu Lepidus, et bien qu'il ne fût pas magistrat, il se fit donner le titre de proconsul et la direction de la guerre contre *Sertorius* (76).

Photo Giraudon.

POMPÉE.

Copenhague, Musée Ny-Karlsberg.

Ce buste est à coup sûr un portrait de Pompée et sans doute le meilleur qu'on possède. Quand on regarde ce visage banal, à l'expression un peu niaise, on a peine à comprendre le prestige dont jouit si longtemps « le grand Pompée » ; on s'explique mieux la fin désastreuse d'une carrière dont les débuts furent favorisés par une chance exceptionnelle.

Celui-ci avait été un des meilleurs officiers de Marius. Nommé pendant la guerre civile gouverneur d'une partie de l'Espagne, il en avait été chassé par le triomphe de Sylla, mais il y était revenu deux ans après (80) et s'était rendu populaire parmi les indigènes par sa bravoure et sa droiture. Pour rehausser son prestige auprès de ces populations crédules, il menait partout avec lui une biche blanche, qui, disait-il, avait le merveilleux pouvoir de lui révéler les décisions des dieux. Sylla, puis le Sénat, avaient envoyé plusieurs armées contre lui sans réussir à le déloger.

Pompée d'abord ne fut pas plus heureux. Mais, ayant reçu des renforts, il put reconquérir une partie de l'Espagne,

Photo Hachette.

UN GLADIATEUR.

Bibliothèque Nationale. Cabinet des Médailles.

C'est d'une école de gladiateurs que partit la révolte de l'an 73, la plus terrible révolte d'esclaves que Rome eût jamais vue. Dressés pour le combat à mort, les gladiateurs étaient de rudes athlètes : en voici un qui appartient à la catégorie des rétiaires ; outre le trident qu'on lui voit en mains, le rétiaire avait pour arme un filet dans lequel il essayait d'envelopper l'adversaire. Le corps est presque entièrement nu ; le bras gauche est protégé par un brassard qui dépasse la main.

Sertorius qui était devenu soupçonneux et cruel perdit la sympathie des Espagnols, et, trahi par des officiers romains de son entourage, fut assassiné (72). Dès lors le pays fut rapidement pacifié et Pompée revint à Rome. Sur le chemin du retour, il massacra quelques milliers d'esclaves en fuite : c'était tout ce qui restait des bandes de Spartacus qui venaient de terroriser l'Italie.

CRASSUS VAINQUEUR DE SPARTACUS

En l'année 73, une centaine de gladiateurs s'étaient échappés de Capoue ; à leur tête était un Thrace nommé *Spartacus*, d'une intelligence et d'une force remarquables. Il réussit à grouper autour de lui des milliers d'esclaves et à battre successivement cinq armées romaines. Le Sénat, effrayé, confia un commandement extraordinaire à ***Crassus***, ancien officier de Sylla, qui avait acquis une immense fortune à la faveur des proscriptions.

Crassus enferma Spartacus dans l'extrême Sud de la péninsule. Le Thrace essaya vainement de passer en Sicile : les pirates avec lesquels il entra en pourparlers se firent payer d'abord, puis s'enfuirent. Il dut accepter la bataille et se fit bravement tuer. La répression qui suivit fut atroce : 6000 esclaves furent crucifiés le long de la route de Capoue à Rome, et les bandes qui fuyaient vers le Nord furent exterminées par Pompée (72).

CONSULAT DE CRASSUS ET DE POMPÉE

Les deux vainqueurs s'entendirent pour rester les maîtres. Ils demandèrent le triomphe et, sous ce prétexte, conservèrent leurs armées aux portes de Rome. En même temps, ils briguaient le consulat. Pour vaincre la résistance du Sénat, ils s'appuyèrent sur les chevaliers et sur le peuple et leur promirent l'abrogation des lois cornéliennes : ainsi, par ambition, les deux anciens lieutenants de Sylla n'hésitèrent pas à détruire son œuvre.

Devenus consuls en 70, ils abolirent en effet les principales réformes de Sylla. Le tribunat de la plèbe fut rétabli avec tous ses pouvoirs. Les chevaliers furent admis de nouveau dans les tribunaux permanents, à côté des nobles. La censure, abolie en fait par Sylla, fut rétablie et les censeurs exclurent du Sénat soixante-quatre sénateurs que le dictateur y avait nommés.

Au même moment, la noblesse était profondément atteinte dans son prestige par les révélations du *procès de Verrès*.

CICÉRON. PROCÈS DE VERRÈS

Il a été dit, dans un précédent chapitre[1], comment Verrès, propréteur de Sicile, avait scandaleusement exploité et pillé sa province. En cette année 70, les Siciliens lui intentèrent un procès et demandèrent à **Cicéron** de plaider leur cause à Rome.

Marcus Tullius Cicero était déjà un brillant avocat. Né en 106 à Arpinum, il avait commencé dès l'âge de seize ans à s'exercer à l'art de la parole. A vingt-deux ans, il écrivait un ouvrage sur l'éloquence et, à vingt-sept ans, prononçait la première grande plaidoirie qui fit connaître et son talent et son courage. Sylla était alors dictateur ; son favori, *Chrysogonus*, désireux de s'approprier les biens d'un certain *Roscius*, le fit assassiner et acheta pour 1300 francs des propriétés qui valaient près de trois millions ; puis, pour être sûr de l'impunité, il accusa le fils de

1. Voir ci-dessus, page 166.

Photo Anderson.

CICÉRON.
Musée du Vatican.

Les meilleurs bustes que l'on possède de Cicéron nous représentent le grand orateur déjà âgé. Ce n'est plus le consul de l'an 63, l'adversaire résolu de Catilina, l'homme d'État plein de confiance en son génie, mais un vieillard désabusé qui cherche dans l'étude l'oubli de ses déceptions politiques. Le front est d'une belle ampleur ; le regard sévère et triste.

Roscius d'avoir commis le meurtre. Cicéron prit la défense du jeune homme et le fit acquitter.

Elu questeur et envoyé en Sicile, Cicéron s'attira les sympathies des habitants que tyrannisait alors Verrès. Aussi se trouva-t-il tout désigné pour être l'avocat des Siciliens quand ceux-ci décidèrent de porter plainte. En vain le parti sénatorial s'efforça de faire ajourner indéfiniment le procès; Cicéron eut raison de tous les obstacles; le procès s'ouvrit au mois d'août 70. Les dépositions des témoins furent si accablantes que Verrès s'exila sans même attendre le réquisitoire de Cicéron et le jugement du tribunal. Mais pour donner à l'affaire le plus de retentissement possible, Cicéron fit publier les plaidoiries qu'il n'avait pas prononcées : ce sont les discours connus sous le nom de *Verrines*.

L'un des passages les plus fameux est celui où Cicéron raconte comment Verrès osa supplicier un citoyen romain : « On battait de verges sur la place publique de Messine un citoyen romain; et au milieu des douleurs que souffrait cet infortuné, au milieu des coups qui retentissaient, l'on n'entendait sortir de sa bouche aucune plainte, aucune parole, que ces mots : Je suis citoyen romain! Il croyait, armé de ce seul nom, arrêter les bourreaux et garantir sa personne de tous les supplices du monde; non seulement il ne vint pas à bout de faire cesser les coups de verges; mais tandis qu'il réclamait, tandis qu'il répétait mille fois son nom de citoyen, une croix, oui magistrats, une croix se préparait pour cet infortuné qui n'avait jamais vu pareil despotisme! » Verrès poussa la cruauté jusqu'à faire dresser la croix juste en face de l'Italie, « afin que cet infortuné vît, en expirant dans les plus cruelles douleurs, que le règne de la liberté et celui de l'esclavage n'étaient séparés que par un canal étroit, que l'Italie verrait un de ses enfants attaché sur l'instrument du dernier et du plus ignominieux supplice, réservé à des esclaves. C'est un crime de mettre aux fers un citoyen romain, c'est une atrocité de le frapper de verges; c'est, j'ose le dire, un parricide de lui ôter la vie; que sera-ce de le mettre en croix? » (CICÉRON, *Les Supplices*, coll. Panckoucke.

POMPÉE CONTRE LES PIRATES

Au lendemain de son consulat, Pompée était resté à Rome, cherchant quelque nouvelle occasion de se faire donner une mission extraordinaire. L'occasion s'offrit bientôt : ce fut la *guerre des pirates*. A la faveur des guerres civiles, il s'était formé dans la Méditerranée une véritable association d'aventuriers qui, montés sur des navires légers et rapides, pillaient les ports, détroussaient les navires de commerce et affamaient Rome.

« Ils établissent sur plusieurs points des relâches destinées aux pirates, avec des tours fortifiées, et mettent à la mer des escadres, non seulement remplies de bons rameurs, conduites par d'habiles pilotes, et fournies de vaisseaux d'une vitesse et d'une légèreté propres à la manœuvre, mais encore d'une magnificence plus affligeante que n'était effrayant leur appareil : ces poupes dorées, ces tapis de pourpre, ces rames argentées étaient de gens qui se font honneur et trophée de leur brigandage. Par tout le rivage, ce n'étaient que flûtes, chansons, ivresse, enlèvements d'officiers, prises et rançons de villes, à la grande honte de la puissance romaine. Les vaisseaux corsaires montaient à plus de mille, les villes prises à quatre cents... Ils (les pirates) descendent à terre, infestent les routes et ruinent les villas voisines de la mer. Ils enlèvent un jour deux préteurs, Sextilius et Bellinius, vêtus de leurs robes de pourpre, emmènent leurs esclaves et leurs licteurs, et disparaissent avec eux. Mais voici le comble de l'insolence. Quand un prisonnier s'écriait qu'il était Romain et disait son nom, ils feignaient l'étonnement et la crainte, se frappaient la cuisse, se jetaient à ses genoux et imploraient leur pardon. Celui-ci, quand il les voyait ainsi humbles et suppliants, se laissait convaincre. Alors les uns lui mettaient des souliers, et les autres une toge, afin, disaient-ils, qu'il ne fût plus méconnu. Puis quand ils s'étaient longtemps joué et moqué de leur homme, ils finissaient par jeter une échelle jusqu'à la mer et lui ordonnaient d'y descendre et de s'en retourner gaiement; s'il ne voulait pas, ils le poussaient eux-mêmes et le noyaient. » (PLUTARQUE, *Vie de Pompée*, d'après la trad. Talbot.)

En 67, sur la proposition du tribun *Gabinius* et malgré l'opposition du Sénat, Pompée reçut des pouvoirs extraordinaires

Photo Anderson.

NAVIRE DE GUERRE ROMAIN.
Bas-relief du temple de Préneste.

Ce navire est une birème, *c'est-à-dire qu'il comprend deux rangs de rameurs — on distingue à peine sur la gravure le deuxième rang de rames. — Debout sur le pont, une troupe de soldats romains en armes, prêts à combattre; devant eux, les officiers se tiennent sur le bordage qui fait saillie.*

pour combattre les pirates : pendant trois ans, pleine souveraineté en Méditerranée et sur les côtes jusqu'à une distance de 80 kilomètres, droit de puiser dans le Trésor tout l'argent qu'il voudrait et d'équiper 500 navires. En quelques mois, Pompée dispersa les pirates, détruisit leurs repaires d'Asie Mineure et ramena l'abondance dans Rome. Sa popularité fut alors si grande qu'on n'attendit pas son retour pour lui confier une mission plus importante encore : la pacification de l'Asie.

DEUXIÈME GUERRE CONTRE MITHRIDATE

En effet, il y avait près de dix ans qu'une nouvelle guerre avait éclaté entre Mithridate et Rome (75). Le roi du Pont ayant réorganisé son armée, conclu des alliances avec Sertorius, les pirates et le puissant roi d'Arménie, *Tigrane*, avait envahi la province d'Asie. Il en fut chassé par *Lucullus*, qui, dans une campagne victorieuse, le poursuivit jusqu'en Arménie, dont la capitale *Tigranocerte* fut prise avec d'immenses trésors (69). Lucullus voulait continuer ses conquêtes, mais il était peu aimé des soldats à cause de sa sévérité, mal vu des publicains qu'il empêchait d'exploiter à leur guise la province d'Asie. On lui enleva une partie de ses pouvoirs et de ses troupes (67). Mithridate et Tigrane en profitèrent pour rentrer dans leurs États.

Photo Hachette.

TIGRANE, ROI D'ARMÉNIE.
Bibliothèque Nationale. Cabinet des Médailles.

Le roi d'Arménie est coiffé de la tiare, *bonnet de forme analogue à celui que portent encore de nos jours les Arméniens et les Persans; elle se prolonge sur la nuque et est ornée d'une étoile entre deux aigles. Par-dessus la tiare, Tigrane porte le bandeau royal ou* diadème.

POMPÉE EN ORIENT

C'est alors que les ennemis de Lucullus songèrent à le remplacer par Pompée. Le tribun *Manilius*, appuyé par Cicéron, proposa d'élargir les pouvoirs que Pompée avait reçus pour combattre les pirates et de l'envoyer en Orient avec le droit de faire la paix et la guerre. Cette fois encore, malgré la résistance du Sénat, la loi fut votée (66).

Pompée vint aisément à bout d'adversaires dont la puissance avait été brisée par Lucullus. Il battit Mithridate et l'obligea de fuir jusqu'en Crimée. Le vieux roi conçut alors le projet hardi d'envahir les possessions romaines d'Europe en soulevant les Celtes du Danube, mais, trahi par son fils Pharnace, il en fut réduit à se faire tuer par un soldat, après avoir essayé en vain de s'empoisonner (63). Son royaume, réuni à la Bithynie — un petit pays, au nord-ouest de l'Asie Mineure, que son roi venait de léguer aux Romains —, forma une nouvelle province romaine qui s'étendait tout le long de la côte nord de l'Asie Mineure. Pompée annexa également la Cilicie et la Syrie, à laquelle il rattacha la Judée après avoir pris d'assaut Jérusalem (63). En 62, après cinq ans de campagnes glorieuses qui avaient *étendu la domination romaine jusqu'à l'Euphrate*, Pompée songea au retour et s'embarqua pour l'Italie.

II

LA CONJURATION DE CATILINA
LE PREMIER TRIUMVIRAT

TROUBLES ET INTRIGUES A ROME

Pendant son absence, Rome avait été profondément troublée. Pour tous les mauvais coups, une foule d'aventuriers s'offraient, anciens soldats de Marius ou de Sylla, esclaves fugitifs, nobles ruinés. Les émeutes à main armée ensanglantaient le Forum. Les tribuns redoublaient de violence dans leurs attaques contre les riches et la noblesse. Les ambitieux cherchaient à profiter de ces troubles et de l'absence de Pompée pour s'emparer du pouvoir.

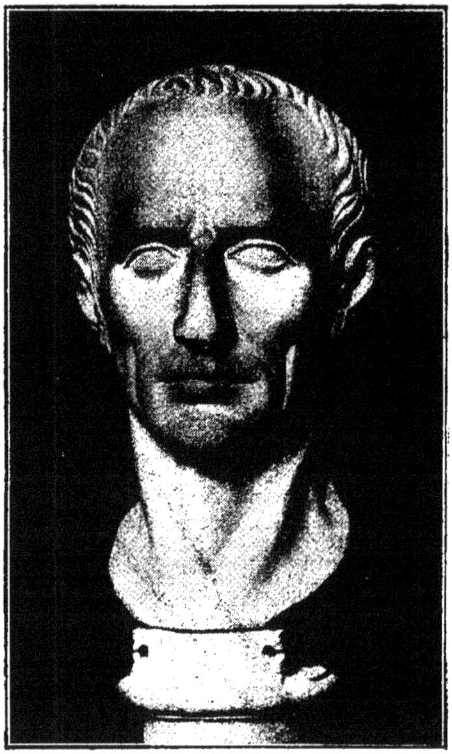

L'un d'eux était Crassus, l'ancien collègue de Pompée au consulat. Sa richesse lui valait de l'influence, car il comptait des centaines de débiteurs. Mais Crassus était assez dépourvu de talent personnel. Il jugea utile de s'entendre avec un des chefs du parti populaire, ***Jules César***.

Photo Mansel.

JULES CÉSAR.
Musée britannique.

Ce visage osseux, au front haut, aux joues creuses, à la mâchoire contractée, exprime par-dessus tout une volonté forte, invincible, incapable de défaillances. Il faut le rapprocher des portraits de Pompée et de Cicéron, reproduits ci-dessus pp. 203 et 206; on comprendra mieux la suite des événements.

JULES CÉSAR

César appartenait à l'illustre *gens Julia* qui prétendait descendre de Vénus. Sa tante avait épousé Marius et lui-même était le gendre de Cinna : il était ainsi tout désigné pour diriger la lutte contre le Sénat. Sylla avait déclaré, dit-on, « qu'il y avait en ce jeune homme plusieurs Marius. » De fait, bien qu'il parût d'abord ne se soucier que de plaisirs, d'élégance et de littérature, César était immensément ambitieux. Un jour, on le vit qui pleurait en lisant un récit de la vie d'Alexandre : « A mon âge, dit-il, il avait conquis le monde et je n'ai encore rien fait ! » Au service de son ambition, il mettait d'ailleurs les plus rares qualités, une intelligence pénétrante, un charme séduisant qui lui attirait les sympathies, une éloquence claire et convaincante, et, sous une apparence délicate, une énergie à toute épreuve. Il pouvait être et il fut à son gré orateur, écrivain, homme de guerre et homme d'État. Dès qu'il se fut jeté dans la mêlée politique, tous les moyens lui furent bons pour s'y distinguer et parvenir au premier rang : élu édile en 65, — il avait alors trente-cinq ans, — il s'endetta de plusieurs millions empruntés à Crassus pour donner au peuple des jeux d'une magnificence inouïe ; puis il se fit élire grand pontife, malgré le Sénat. Enfin, pour briser l'opposition sénatoriale, il n'hésita pas, avec Crassus, à favoriser secrètement la *conjuration de Catilina*.

CONJURATION DE CATILINA

Catilina était l'un des hommes les plus connus et les plus tarés de Rome. Il avait été l'un des massacreurs de Sylla ; on l'accusait d'avoir tué sa femme et son fils et d'avoir odieusement pillé la province d'Afrique. L'historien Salluste a tracé de lui un portrait célèbre :

« Lucius Catilina, issu d'une famille noble, était d'une grande vigueur d'âme et de corps, mais d'un naturel méchant et dépravé. Dès sa jeunesse les guerres intestines, les meurtres, les rapines, la discorde civile, eurent pour lui des charmes... Robuste de corps, il supportait la faim, les veilles, le froid, avec une incroyable facilité ; au moral, il était audacieux, rusé, plein de souplesse, habile à tout feindre comme à tout dissimuler, avide du bien d'autrui, prodigue du sien, ardent dans ses passions... Rien d'excessif, rien d'incroyable, rien d'inaccessible, où ne tendît constamment cette âme insatiable. Depuis la domination de Sylla, il était possédé du plus violent désir de s'emparer du pouvoir suprême ; et quant aux moyens d'y parvenir, pourvu qu'il se fît souverain, il n'avait point de scrupules... Au sein d'une cité populeuse et corrompue, Catilina, comme il n'était que trop facile, avait groupé autour de lui, comme autant de satellites, tous les hommes perdus de débauches et de crimes. » (SALLUSTE, *Conjuration de Catilina*, trad. Croiset.)

Décidé à s'emparer du pouvoir, au besoin par un coup de

force, Catilina groupa autour de lui tous les mécontents, tous les aventuriers, toute la masse des misérables qui espéraient un grand bouleversement social : il apparut comme le *chef d'un vaste parti révolutionnaire.* Aussi quand il brigua le consulat, en l'année 64, tous les modérés, tous les conservateurs, tous ceux qui voulaient défendre leurs biens et le régime établi, se coalisèrent pour opposer à Catilina Cicéron : celui-ci en effet s'était rapproché des classes riches; il voulait fonder un parti modéré de sénateurs et de chevaliers et on le considérait maintenant comme le meilleur défenseur de l'ordre et de la loi. Cicéron fut élu. L'année suivante, après un nouvel échec aux élections, Catilina décida de recourir à la force : tandis que des émissaires étaient chargés de lever des troupes en Italie, lui-même à Rome, avec ses partisans, projetait d'assassiner Cicéron, alors consul, et d'incendier la ville.

CICÉRON CONTRE CATILINA

Averti secrètement, Cicéron fit proclamer par le Sénat la patrie en danger et reçut pleins pouvoirs. Le 8 novembre 63, sachant que la veille les conjurés avaient arrêté les derniers détails de l'insurrection, il réunit le Sénat et, se tournant vers Catilina qui avait eu l'audace de venir à la séance, il lui lança cette véhémente apostrophe :

« Jusques à quand, Catilina, abuseras-tu de notre patience?... Où s'arrêteront les emportements de cette audace effrénée? Ni la garde qui veille la nuit sur le mont Palatin, ni les postes répandus dans la ville, ni l'effroi du peuple, ni le concours de tous les bons citoyens, ni le choix, pour la réunion du Sénat, de ce lieu le plus sûr de tous, ni les regards ni le visage de ceux qui t'entourent, rien ne te déconcerte.... O temps! ô mœurs! le Sénat connaît tous ces complots, le consul les voit; et Catilina vit encore. Il vit? que dis-je? il vient au Sénat.. son œil choisit et désigne tous ceux d'entre nous qu'il veut immoler. » (CICÉRON, *Première Catilinaire*, trad. Thibault.)

Décontenancé, Catilina s'enfuit en Etrurie, mais en laissant des complices à Rome. Cicéron n'avait encore aucune preuve qui lui permît de les faire arrêter. Une imprudence de leur part lui en fournit une : ils confièrent une lettre à des députés gaulois venus alors à Rome et ceux-ci les trahirent. Cicéron réunit le Sénat le 3 décembre 63, fit comparaître devant lui cinq des principaux conjurés, leur montra la lettre. Ils avouèrent, furent condamnés à mort, malgré l'intervention de César, et étranglés. Quant à Catilina qui avait réuni une armée en Etrurie, il fut battu et tué (janvier 62). Cicéron put jurer qu'il avait sauvé la République.

LE PREMIER TRIUMVIRAT

Mais déjà un autre danger la menaçait. L'union des modérés que Cicéron avait réalisée pour abattre Catilina se disloqua bientôt; sénateurs et chevaliers redevinrent ennemis, au moment même où les ambitieux se liguaient pour asservir la République.

Pompée arrivait d'Asie, tout fier de ses succès. Comme Sylla en 83, il pouvait être tout-puissant. Mais Pompée n'avait pas l'audace et la décision d'un Sylla. Confiant en son prestige, il licencia son armée. Aussitôt le Sénat cessa de le craindre, ne lui accorda rien de ce qu'il demandait, et refusa même de ratifier sa politique en Asie. A ce moment César revenait d'Espagne où il avait été propréteur. Il rapprocha Crassus et Pompée et les trois hommes s'entendirent pour dominer la République — c'est ce qu'on appelle le ***premier triumvirat*** — (60). Le résultat immédiat de leur accord fut l'élection de César au consulat pour l'année 59.

LE CONSULAT DE CÉSAR

César fut un consul comme on n'en avait encore jamais vu à Rome. Pendant toute la durée de sa magistrature, il agit comme s'il était le seul maître, sans aucun souci des règles constitutionnelles. L'opposition sénatoriale le gênait : il cessa de consulter le Sénat Un jour qu'un de ses adversaires, *Caton*, s'obstinait à parler à la tribune du Forum, il l'en fit expulser de vive force. Il avait pour collègue un aristocrate *Bibulus* : il ne tint aucun compte de son veto.

« Il chassa du Forum à main armée son collègue qui s'opposait à une loi agraire qu'il avait présentée. Bibulus fut réduit à se renfermer chez lui jusqu'à sa sortie de charge, et à ne témoigner de son opposition que par des édits. Dès lors, César gouverna seul et sans contrôle la République; en sorte que des plaisants, pour dater un fait de cette année, disaient en plaisantant qu'il avait eu lieu non pas sous le consulat de César et de Bibulus, mais sous celui de Jules et de César, qu'ils nommaient ainsi deux fois, par son nom et par son prénom; et bientôt on fit courir les deux vers suivants : Ce n'est pas Bibulus, c'est César qui a tout fait naguère, car je ne sache pas que rien ait été fait sous le consulat de Bibulus. » (SUÉTONE, *Vie de César*, d'après la trad. Pessonneaux, Charpentier, édit.)

César put ainsi faire voter par le peuple tout ce qu'il voulut : la ratification des actes de Pompée en Orient, une loi agraire distribuant des terres aux citoyens qui avaient au moins trois enfants, une loi sur l'administration des provinces.

Mais ce que César convoitait par-dessus tout, pour acquérir la gloire militaire qui lui manquait, c'était un grand commandement. Il se fit attribuer pour cinq ans le *proconsulat de la Gaule cisalpine et de la Narbonnaise.*

Avant de quitter Rome, César resserra ses liens avec Crassus et Pompée, en emmenant avec lui le fils du premier, et en donnant sa fille en mariage au second. Puis les trois complices firent arriver au consulat des hommes dont ils étaient sûrs, et au tribunat un ami de César, *Clodius.* Enfin, pour affaiblir le parti sénatorial, ils éloignèrent Caton, qu'ils envoyèrent en mission à Chypre, et firent exiler Cicéron sous prétexte qu'il avait fait mettre à mort illégalement les complices de Catilina.

Alors seulement, tranquillisé, César partit pour la Gaule (printemps 58).

UNE AFFICHE ÉLECTORALE A POMPÉI

d'après THÉDENAT : *Pompéi,* Laurens, éd.

Traduction de l'affiche : « Je vous prie d'élire Gavius *édile ; ses voisins le demandent. » L'affiche est peinte en lettres rouges sur un mur. Elle date du premier siècle ap. J.-C.*

CHAPITRE XVIII

CONQUÊTE DE LA GAULE PAR CÉSAR
LA RÉSISTANCE DE VERCINGÉTORIX

L'ambitieux César voulait de grands succès militaires pour revenir tout-puissant à Rome. Il résolut d'entreprendre la conquête de la Gaule (58).

Ayant repoussé la double invasion des Helvètes et des Germains, César apparut d'abord aux Gaulois comme un sauveur. Il profita de leurs divisions pour les obliger, de gré ou de force, à se soumettre (57-56).

A l'appel d'un jeune chef arverne, Vercingétorix, les Gaulois s'unirent pour défendre leur indépendance. Mais après une lutte acharnée, Vercingétorix fut vaincu et pris dans Alésia (52).

Par ses victoires et ses conquêtes, César s'était égalé aux plus grands capitaines.

I

LA CONQUÊTE DE LA GAULE

LA GAULE Les Romains appelaient *Gaule transalpine* le pays situé entre le Rhin, les Alpes, les Pyrénées et l'Océan Atlantique. Il comprenait donc, en plus de la France actuelle, la Belgique, une partie de la Hollande, les pays allemands de la rive gauche du Rhin et presque toute la Suisse.

La Gaule n'était pas tout entière indépendante au temps de César. On a vu [1] que, dès la fin du second siècle avant J.-C., les Romains avaient conquis la région du Sud-Est, dont ils avaient fait la *Province romaine* ou *Narbonnaise*.

1. Voir ci-dessus, page 143.

LES PEUPLES GAULOIS

Les Gaulois du premier siècle étaient bien différents de leurs ancêtres, ces farouches conquérants qui, deux à trois cents ans auparavant, avaient terrorisé l'Italie, la Grèce et l'Asie Mineure. Au contact des Grecs de Marseille et des Romains, ils s'étaient à demi-civilisés : ils pratiquaient l'agriculture, l'industrie et le commerce.

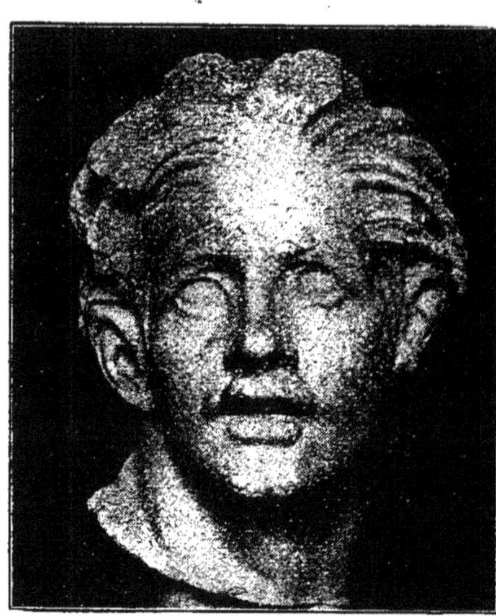

TÊTE DE GAULOIS.

Musée de Saint-Germain.

Physionomie ouverte et mobile, chevelure drue, forte moustache, tel les sculpteurs grecs nous représentent le Gaulois. Il portait les cheveux tantôt rejetés en arrière, tantôt relevés et noués sur le sommet du crâne. Les écrivains anciens attribuent au peuple gaulois une intelligence vive, une grande faculté d'assimilation, mais une humeur querelleuse et une extrême inconstance de caractère.

Mais ils n'avaient pas su encore s'organiser. *La Gaule indépendante ne formait pas un État unique*. On y distinguait trois grands groupes de peuples : au Nord les *Belges*, parents des Germains ; au Centre les *Celtes* ; au Sud les *Aquitains*, mélangés d'Ibères. A leur tour, la Belgique, la Celtique et l'Aquitaine comprenaient chacune un certain nombre de peuples indépendants les uns des autres. Il y en avait en tout une soixantaine. Les principaux se trouvaient dans la Celtique : c'étaient les *Arvernes* du Massif central, les *Eduens* du Morvan, les *Séquanes* dans la région de la Saône, les *Vénètes* dans l'Armorique [1]. Ces peuples étaient divisés par d'incessantes rivalités. Les plus puissants, Arvernes, Eduens, Séquanes, aspiraient à dominer les autres et n'hésitaient pas à appeler l'étranger pour arriver à leurs fins

Ainsi la Gaule offrait l'aspect d'un grand pays assez prospère pour tenter les convoitises de ses voisins et assez divisé pour que la conquête n'en parût pas une entreprise trop difficile.

1. Les Romains appelaient *Armorique* notre Bretagne, et ils appelaient *Bretagne* le pays que nous appelons Grande Bretagne.

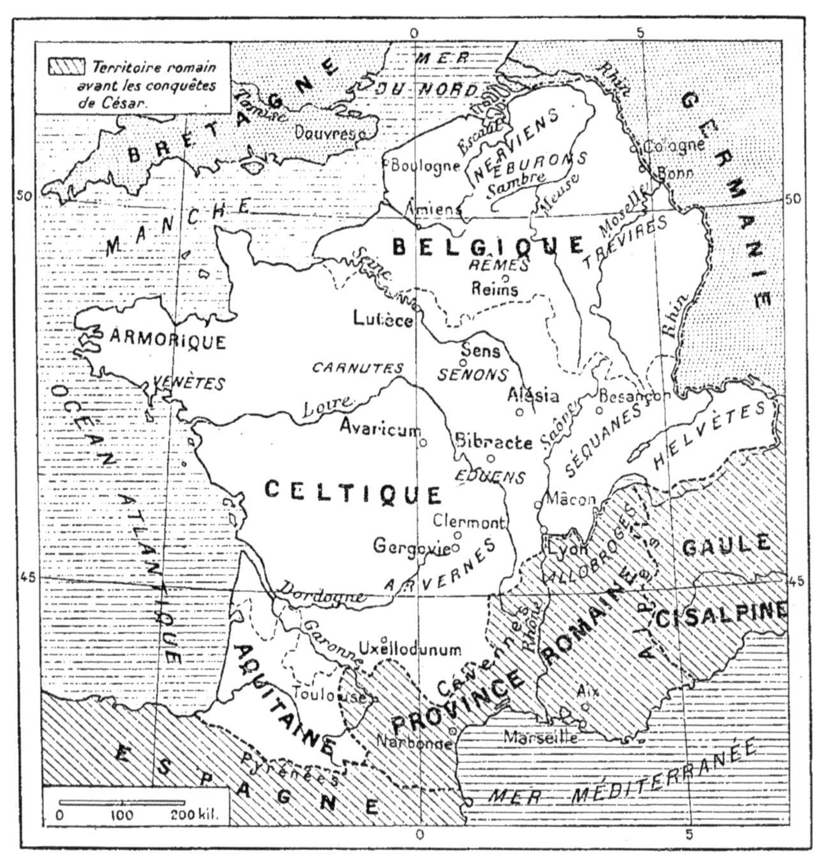

La Gaule avant la conquête romaine.

ARIOVISTE ET ES HELVÈTES

Or, en l'année 59, au temps où commençait le proconsulat de César, la Gaule se trouvait menacée par un double péril, l'invasion du Germain *Arioviste*, l'émigration en masse des *Helvètes*.

Arioviste était un puissant chef germain qui avait groupé autour de lui les tribus de l'Allemagne du Nord et du Centre. Appelé par les Séquanes contre les Eduens, il avait pénétré en Gaule et prétendait s'y installer en maître. Au même moment, les Helvètes, habitants de la Suisse actuelle, fatigués de lutter sans cesse contre les Germains et se trouvant à l'étroit dans leur pays, se préparaient à émigrer en masse vers les rives plus fertiles de la Garonne. Ces migrations n'allaient pas sans luttes. Aussi la Gaule était-elle inquiète et profondément troublée.

CÉSAR EN GAULE

Par un calcul ambitieux, César résolut d'en profiter. Il avait à la fois besoin de butin pour payer ses dettes et de soldats dévoués pour devenir le maître à Rome. *Il lui fallait une grande guerre, un riche pays à piller, des victoires éclatantes.* Quand il apprit que les Helvètes demandaient la permission de traverser la Narbonnaise pour se rendre en Aquitaine, il saisit l'occasion qui s'offrait à lui d'intervenir dans les affaires de la Gaule et de se poser en défenseur des Gaulois.

Les Helvètes furent traités en ennemis. César leur interdit de franchir le Rhône. Ils suivirent donc la rive droite du fleuve ; mais quand ils eurent franchi la Saône près de Mâcon et qu'ils commencèrent à piller le territoire des Eduens, alliés du peuple romain, César accourut au secours de ces derniers. Il battit d'abord l'arrière-garde des Helvètes, puis le gros de leur armée près de la ville de *Bibracte* dans le Morvan et obligea les rares survivants à retourner dans leur pays (printemps 58).

Lui-même resta à Bibracte. Les Eduens lui demandaient maintenant de les délivrer du joug d'Arioviste. César hésita parce que le chef germain avait obtenu le titre d' « ami du peuple romain » et parce que les légions s'effrayaient à l'idée de combattre ces barbares dont on racontait des exploits incroyables. Finalement, après quelques vaines négociations, il marcha contre Arioviste, le battit dans le Sud de l'Alsace et le rejeta au delà du Rhin (septembre 58)

SOUMISSION DE LA GAULE DU NORD

La Gaule sauvée de ce double péril, César ne manifesta pas l'intention de l'évacuer. Au contraire, il cantonna ses légions près de Besançon. Cette façon d'agir indigna beaucoup de peuples gaulois, et surtout ceux de la Gaule du Nord, les *Belges*.

D'après César, qui a raconté lui-même l'histoire de sa conquête, les Belges avaient rassemblé, au début de l'année 57 av. J.-C., jusqu'à 300 000 guerriers. César disposait de huit légions — 50 000 hommes environ —. Il compensa l'infériorité de ses forces par l'habileté et la rapidité de ses manœuvres. Une première fois, les Belges furent surpris et taillés en pièces au nord de Reims. Puis, au pas de course, par Amiens, César s'avança jusqu'à la Sambre. Là, dans la région boisée de l'Ardenne, il fut attaqué à l'improviste par les *Nerviens* — un des principaux peuples belges — : le choc fut si rude que César dut payer de sa personne pour rétablir le combat et remporter la victoire.

« César[1] s'était porté vers l'aile droite... la quatrième cohorte avait perdu son enseigne, son porte-enseigne et tous ses centurions : presque tous ceux des autres cohortes étaient morts ou blessés... le reste se ralentissait : des soldats des derniers rangs, cessant de combattre, se retiraient du champ de bataille et se dérobaient aux coups... Le moment était critique et l'on n'avait pas de réserve qu'on pût faire marcher. César, qui était venu sans bouclier, saisit celui d'un soldat des derniers rangs, se porte en tête, appelle les centurions par leurs noms, encourage les soldats et ordonne de charger en desserrant les manipules pour qu'on puisse manier plus librement l'épée. Son arrivée rend l'espoir au soldat et ranime son courage. Chacun dans cette extrémité veut faire son devoir sous les yeux de son général, et l'impétuosité de l'ennemi est un peu ralentie. » (CÉSAR, *Guerre des Gaules*, liv. II, trad. Sommer.)

Ayant soumis les Belges qui passaient pour les plus redoutables des Gaulois, César crut que la Gaule serait aisément pacifiée.

SOUMISSION DE LA GAULE DE L'OUEST ET DU SUD

Il avait envoyé dans l'Ouest son lieutenant Crassus auquel les peuples de l'Armorique avaient fait leur soumission. Ces peuples consentaient bien à devenir les alliés du peuple romain, mais non ses sujets. Quand ils virent les soldats romains rester chez eux et faire des réquisitions, ils prirent les armes. A leur tête était le peuple des *Vénètes* — de la région de Vannes —.

Les Vénètes étaient un peuple de marins. Pour les soumettre, César dut entreprendre une véritable *guerre navale*. Il n'avait pas de flotte; il réussit cependant à en improviser une et à détruire la flotte des Vénètes (56).

« Une chose que nous avions préparée, dit César, nous fut très utile : c'étaient des faux bien tranchantes, attachées à de longues perches qui leur servaient de manche... on s'en servait pour saisir et attirer les cordages qui fixaient les vergues au mât; puis, les rameurs faisant avancer le navire, les câbles se trouvaient rompus, les vergues tombaient nécessairement... deux ou trois de nos vaisseaux entouraient un vaisseau ennemi et nos soldats faisaient tous leurs efforts pour monter à l'abordage. » (CÉSAR, liv. III, trad. Sommer.)

Pendant ce temps, non sans de rudes combats, Crassus avait soumis les Gaulois du Midi ou *Aquitains*. A la fin de l'année 56, la conquête de la Gaule parut terminée.

1. Dans son récit, César parle toujours de lui à la troisième personne.

Pont jeté par l'armée de César sur le Rhin.
D'après la restitution du Musée de Saint-Germain.

Pontonniers d'élite, les soldats de César ne mirent pas plus de dix jours à jeter sur le large fleuve ce pont de bois. Il est construit sur pilotis obliques, mais ceux-ci ont été renforcés de pilotis verticaux qui doivent les protéger contre les troncs d'arbre que les Germains abandonnaient au courant pour détruire le pont.

EXPÉDITIONS HORS DE LA GAULE

Cependant César obtint que ses pouvoirs de proconsul fussent prolongés encore cinq ans. Par des entreprises de plus en plus extraordinaires, il voulait éblouir le peuple romain et éclipser tous ses rivaux de gloire. Sous prétexte de défendre sa conquête contre les peuples voisins, il envahit tour à tour la Germanie et la Bretagne (55-54).

Quelques bandes germaniques ayant passé le Rhin, César les extermina. Puis il fit jeter un pont sur le large fleuve, près de Bonn, et pénétra sur la rive droite. La *campagne de Germanie* fut brève. César était trop prudent pour s'aventurer dans les profondeurs de la forêt hercynienne. Au bout de dix-huit jours, il revint en Gaule (55).

Ce fut pour franchir la Manche et débarquer en *Bretagne* dont les peuples étaient proches parents des Gaulois. L'expédition, semble-t-il ne fut pas heureuse, car César se rembarqua presque aussitôt. Pour ne pas rester sur cet échec, il prépara pendant l'hiver une nouvelle expédition. En juillet 54, huit cents navires, portant cinq légions, abordèrent au nord de Douvres. Le chef breton, *Cassivellaun*, dirigea habilement la résistance; il disposait de troupes montées sur les chars de guerre et extrêmement mobiles. Les Romains, harcelés par un ennemi qui refusait toujours le combat et se dérobait sans cesse, franchirent non sans peine la Tamise, enlevèrent la forteresse de Cassivellaun et, dès que celui-ci eut fait acte de soumission, repassèrent la Manche.

II

LES SOULÈVEMENTS. VERCINGÉTORIX

PREMIER SOULÈVEMENT DE LA GAULE

Cependant, une certaine effervescence se manifestait en Gaule. Dans leur fierté, les Gaulois s'irritaient d'être traités en peuple sujet. De toutes parts des complots s'ourdissaient contre les Romains. Leurs partisans étaient assassinés. Brusquement, à la fin de l'année 54, la révolte qui couvait éclata dans la Gaule du Nord et du Nord-Est chez les *Eburons* et les *Trévires* — peuples de la région ardennaise et de la Lorraine —. Les chefs de la révolte étaient l'Eburon *Ambiorix* et le Trévire *Indutiomar*.

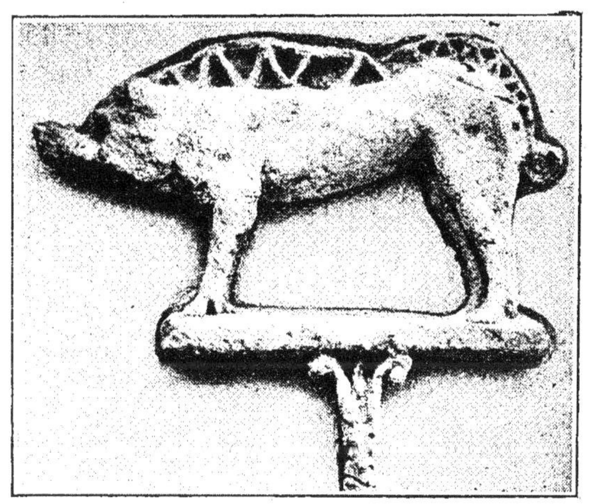

ENSEIGNE GAULOISE.
Musée de Saint-Germain.

En temps de guerre, les Gaulois se ralliaient autour d'enseignes sur lesquelles était figuré le plus souvent un sanglier. Les forêts gauloises abondaient en sangliers.

Une légion cantonnée près de Liége sur la Meuse fut surprise et entièrement massacrée. Une autre, commandée par le frère de Cicéron, se trouva bloquée sur la Sambre. César accourut aussitôt et dégagea Cicéron. Mais alors, dans la Gaule centrale, les *Sénons* de Sens et les *Carnutes* de Chartres se soulevèrent à leur tour. L'année 53 se passa à châtier ces mutineries. César voulut que la répression fût atroce pour épouvanter les Gaulois : la région de la Sambre et de l'Escaut fut méthodiquement ravagée; les Romains, qui s'étaient adjoint des Germains, brûlaient les villages, égorgeaient les prisonniers ou les vendaient comme esclaves. Indutiomar fut battu et tué, mais Ambiorix échappa.

DEUXIÈME SOULÈVEMENT VERCINGÉTORIX

Ces exécutions sauvages n'eurent même pas le résultat espéré. Elles ne faisaient qu'exaspérer davantage la Gaule. A peine le premier soulèvement semblait-il réprimé, qu'une nouvelle révolte éclata, plus vaste et mieux concertée. Cette fois, presque tous les peuples gaulois s'unirent pour défendre leur indépendance, sous la direction d'un jeune chef arverne, ***Vercingétorix***.

Vercingétorix avait sans doute servi dans l'armée romaine, car il avait reçu le titre envié d'*ami de César* : il devait être le plus redoutable de ses ennemis. Au début de l'année 52, il réussit à faire reconnaître son autorité non seulement chez les Arvernes, mais dans presque toute la Gaule centrale et l'Armorique. Brave, éloquent, à la fois hardi et avisé, il jouit bientôt d'un grand prestige. Mais les Gaulois étaient si indisciplinés et si désunis que Vercingétorix dut aussi employer la force pour se faire obéir; les traîtres, les déserteurs furent impitoyablement suppliciés.

DÉBUT DE LA RÉVOLTE

Le signal de la révolte fut donné par les *Carnutes* qui, à la fin de janvier 52, massacrèrent tous les marchands romains d'Orléans. A ce moment, César était en Italie, tandis que ses légions. sous le commandement de Labienus, hivernaient à Sens. *Le plan de Vercingétorix était d'empêcher César de venir rejoindre Labienus.* Il s'établit sur les rives de la Saône pour en interdire le passage aux Romains.

Par sa rapidité et son audace, César déjoua les calculs de Vercingétorix. En plein hiver, au prix de terribles difficultés, il franchit les Cévennes couvertes de neige et pénétra dans le pays des Arvernes. Ceux-ci effrayés rappelèrent Vercingétorix. Aussitôt César, regagnant la vallée du Rhône, courut vers le Nord et rejoignit Labienus à Sens. Sa feinte avait eu plein succès.

TRAVAUX D'APPROCHE ROMAINS AU SIÈGE D'AVARICUM.
Restitution du Musée de Saint-Germain.

Contre le rempart gaulois qu'on aperçoit au fond, les Romains ont élevé un retranchement en bois muni d'escaliers et flanqué de deux tours. Des galeries couvertes perpendiculaires à la muraille gauloise doivent permettre aux sapeurs romains de la miner à la base. De leur côté, les Gaulois ont élevé deux tours face aux tours romaines.

AVARICUM

Vercingétorix imagina alors un nouveau plan. Il résolut d'employer la tactique qui avait réussi au breton Cassivellaun : *refuser le combat, harceler les Romains et faire le désert autour d'eux* en brûlant les maisons, les bourgs et même les grandes villes et les empêcher de s'approvisionner en vivres et en fourrages.

Ce plan fut d'abord appliqué. « De tous côtés, dit César, on ne voyait qu'incendies; on brûla en un jour plus de vingt villes des Bituriges (peuple du Berry autour de Bourges) ». Mais la grande ville d'*Avaricum* (Bourges) obtint d'être épargnée. César l'assiégea, la prit malgré une résistance acharnée et put y ravitailler ses troupes.

Les défenseurs d'Avaricum firent preuve d'un héroïsme que César lui-même dut admirer : « Nous fûmes témoins, dit-il, d'un fait qui nous parut digne de mémoire. Devant une porte de la ville, vis-à-vis d'une de nos tours, était un Gaulois à qui l'on passait de main en main des boules de suif et de poix qu'il jetait dans le feu (pour incendier la tour). Un trait de scorpion lui perce le flanc droit; il tombe mort. Un de ses voisins passe par-dessus le cadavre et s'acquitte de la même tâche; il est tué à son tour d'un coup de scorpion. Un troisième lui succède, à celui-ci un quatrième; et le poste ne fut abandonné que lorsque le feu de la terrasse fut éteint et que la retraite des ennemis, partout repoussés, eut mis fin au combat. » (CÉSAR, liv. VII, trad. Sommer.)

GERGOVIE

Cependant Vercingétorix continuait à tenir la campagne. Pour frapper un coup décisif, César pénétra une seconde fois dans le pays des Arvernes et vint mettre le siège devant leur capitale ***Gergovie*** — non loin de la ville actuelle de Clermont-Ferrand —. La position de Gergovie était très forte : les Romains furent repoussés avec de grosses pertes et durent battre en retraite. *C'était le plus grave échec que César eût subi jusqu'alors.*

A ce moment, l'armée romaine se trouva dans une situation critique. *La Gaule entière se soulevait et reconnaissait Vercingétorix comme chef*; le puissant peuple des Eduens lui-même, jusqu'alors allié fidèle des Romains, fit défection. Par une marche rapide, César rallia entre Loire et Seine son lieutenant Labienus qui venait de battre les Belges, et toute l'armée romaine, renforcée de cavaliers germains, se replia vers la Saône. La tactique de Vercingétorix allait-elle réussir?

SIÈGE D'ALÉSIA

Une faute inexplicable détruisit cet espoir. Vercingétorix avec toutes ses forces suivait de près l'armée romaine. Crut-il possible, comme le dit César, de l'écraser avant qu'elle eût regagné la Province, ou ses ordres furent-ils mal exécutés par des lieutenants téméraires? Un jour, la cavalerie gauloise se lança follement sur les légions en retraite; elle se fit décimer et recula en désordre poursuivie par les Romains; Vercingétorix surpris dut se réfugier dans la ville voisine d'***Alésia***, où César, décidé cette fois à ne pas lâcher prise, le bloqua étroitement.

Les assiégés n'avaient de vivres que pour trente jours environ. Il est vrai que Vercingétorix avait envoyé des cavaliers dans toute la Gaule pour provoquer la levée en masse. De jour en jour il attendait la grande armée gauloise qui submergerait l'armée assiégeante — 70000 hommes à peine —. Mais pour briser toutes les tentatives ennemies, les légions accomplirent un travail formidable : en cinq semaines elles construisirent deux lignes de retranchements, l'une de 15 kilomètres face à la ville, l'autre de 31 kilomètres face à l'extérieur, chacune d'elles comprenant fossés, tours, chevaux de frise, trous de loups, chausse-trapes, toutes les ressources de la fortification[1]. En vain, pour résister plus longtemps, les assiégés chassèrent-ils d'Alésia les bouches

1. Voir ci-dessus, page 68.

SITE D'ALÉSIA.

La forteresse gauloise d'Alésia était située sur une butte de la Côte d'Or qu'on appelle aujourd'hui le mont Auxois. Elle est entourée de trois côtés par des rivières — sous-affluents de l'Yonne —, qui en facilitent la défense. Le village qu'on aperçoit sur les pentes porte le nom d'Alise-Sainte-Reine. Au sommet du mont Auxois se dresse aujourd'hui une statue de Vercingétorix qui se détache sur le ciel à peu près au milieu de la photographie

inutiles, femmes, enfants, vieillards. Quand la grande armée de secours parut enfin, tous ses assauts furent rejetés; la dernière attaque finit par une panique, et chaque contingent, perdant courage, s'en retourna dans son pays (septembre 52).

César décrit ainsi le deuxième assaut des Gaulois : « Le surlendemain, les Gaulois ayant fabriqué une grande quantité de claies, d'échelles et de crocs, sortent de leur camp en silence au milieu de la nuit... Tout à coup, poussant un grand cri pour faire connaître leur arrivée aux assiégés, ils jettent leurs claies, renversent à coups de frondes, de flèches et de pierres les gardes du rempart et prennent leurs dispositions pour l'assaut. Au même moment, Vercingétorix, qui a entendu leur cri, donne le signal avec la trompette et fait sortir ses troupes de la ville. Nos soldats, à chacun desquels on avait assigné son poste, garnissent les lignes et jettent l'épouvante chez les Gaulois avec les frondes, les balles de plomb et les épieux qu'on tenait prêts dans les travaux;... nos machines lancent une multitude de traits. Les lieutenants M. Antonius et C. Trebonius, dirigent des renforts

CAVALIER GAULOIS.

Restitution de Frémiet. Musée de Saint-Germain.

Le cavalier porte un casque, un bouclier et une cuirasse de métal. Il est armé d'une lance, d'une longue épée et d'une hache pendue à côté du sabre. Il a attaché à la queue de son cheval en signe de mépris un écusson aux initiales du Sénat et du peuple romain — S. P. Q. R. Senatus Populus Que Romanus.

sur les points les plus menacés. Tant que les Gaulois furent à quelque distance des retranchements, ils tiraient avantage du grand nombre de leurs traits; quand ils s'approchèrent, ils s'enferraient eux-mêmes dans les éperons, ou tombaient dans les trous, ou périssaient percés par les javelots qu'on lançait de la terrasse et des tours... Comme le jour approchait et que nos fortifications n'étaient pas entamées, craignant d'être pris en flanc, ils se retirèrent. Les assiégés cependant apportent ce qu'avait fait préparer Vercingétorix pour une sortie. Ils comblent les premiers fossés, mais, l'opération ayant traîné en longueur, ils n'étaient pas encore à portée des lignes lorsqu'ils reconnurent que les autres avaient abandonné l'attaque. Ainsi, sans avoir rien fait, ils rentrèrent dans la place. » (CÉSAR, liv. VII, d'après la trad. Sommer.)

REDDITION DE VERCINGÉTORIX

Les défenseurs d'Alésia n'avaient plus qu'à se rendre. Du moins Vercingétorix résolut de se sacrifier pour essayer de sauver ses compagnons. Il se livra lui-même à César.

« Le chef de toute la guerre, Vercingétorix, prend ses plus belles armes, pare son cheval, sort par les portes, galope autour de César assis, puis met pied à terre, se dépouille de toute son armure, vient s'asseoir aux pieds de César et y demeure en silence jusqu'à ce qu'il soit livré à la garde des soldats et réservé pour le triomphe. » (PLUTARQUE, *Vie de César*, trad. Talbot.)

Le vainqueur fut impitoyable : Vercingétorix, conduit à Rome, fut jeté en prison où il attendit six ans le dernier supplice. Quant aux Gaulois prisonniers, César les distribua comme esclaves à ses soldats.

FIN DE LA CONQUÊTE

La chute d'Alésia marque la fin de l'indépendance gauloise. Cependant César et ses lieutenants passèrent encore toute l'année 51 à réprimer les derniers efforts de ceux qui ne voulaient pas accepter le joug romain. La résistance la plus acharnée fut celle d'*Uxellodunum*, forteresse de la région du Lot. César n'en vint à bout qu'en captant les sources qui l'alimentaient d'eau. Maître de la place, il fit couper la main droite à tous ses défenseurs.

La Gaule était définitivement soumise, mais dans quel état la laissait le vainqueur! De l'aveu même de César, elle avait perdu un million de morts, un million d'esclaves, tous ses chefs tués ou suppliciés. Ses campagnes avaient été effroyablement ravagées. Il était réservé à l'administration bienfaisante des Empereurs romains de guérir ces plaies, de romaniser la Gaule, et d'en faire en peu de temps un des pays les plus riches et les plus civilisés du monde antique.

CAUSES DES VICTOIRES DE CÉSAR

La conquête de la Gaule avait été rapide. Au lieu qu'il avait fallu près d'un siècle pour soumettre les Espagnols, huit années à peine avaient suffi à César pour dompter les Gaulois.

Un tel succès s'explique d'abord par les *divisions des Gaulois* :

jamais, même au temps de Vercingétorix, ils ne réussirent à bien s'entendre pour la lutte commune; César eut toujours des partisans parmi eux, surtout dans la noblesse gauloise.

Les succès de César eurent aussi pour cause la *supériorité des légions romaines*, bien disciplinées, bien encadrées, entraînées et outillées pour la guerre la plus savante, solides au combat, manœuvrières, capables d'accomplir sans se rebuter les travaux les plus pénibles. A toute cette science, les Gaulois n'opposaient que leur nombre, leur bravoure et leur mépris de la mort; ils combattaient sans ordre, avec de mauvaises armes et étaient prompts à se décourager.

Mais la rapidité de la conquête s'explique surtout par le *génie de César*. Vision nette du plan à suivre, promptitude de décision et d'exécution, endurance physique qui lui permet de partager toutes les fatigues de ses soldats, courage personnel qui le fait se jeter dans la mêlée pour entraîner ses hommes, telles sont les qualités par lesquelles César s'égale aux plus grands capitaines de l'antiquité, Hannibal et Alexandre. Sûr de lui et sûr de son armée, il pouvait maintenant réaliser ses projets ambitieux : s'emparer du pouvoir suprême, devenir le seul maître du monde romain.

Photo Hachette.

VERCINGÉTORIX CAPTIF. — MONNAIE DE CÉSAR.
Bibliothèque nationale. Cabinet des Médailles.

La monnaie représente le malheureux chef gaulois en prison. Il y resta six ans et n'en sortit que pour orner le triomphe de César et être exécuté.

CHAPITRE XIX

RIVALITÉ DE CÉSAR ET DE POMPÉE VICTOIRE ET DICTATURE DE CÉSAR

La mort de Crassus mit fin au premier triumvirat. Restés seuls en présence, Pompée et César devinrent rivaux et bientôt ennemis : la lutte s'engagea en l'an 49.

César fit preuve d'un génie supérieur. Il triompha de Pompée à la bataille de Pharsale (48), et écrasa les armées pompéiennes à Thapsus en Afrique (46), à Munda en Espagne (45).

Dictateur tout-puissant, César entreprit alors de réorganiser le monde romain et de remplacer la République par la monarchie. Mais il fut assassiné en plein Sénat par des conspirateurs républicains (44).

L'ANARCHIE A ROME

Après le départ de César pour la Gaule, les troubles recommencèrent à Rome et atteignirent un degré de violence inouï. *Clodius*, que les triumvirs avaient fait élire tribun, entendait travailler pour lui, non pour les autres : à la tête de bandes armées, il entreprit de terroriser la ville. Pour le combattre, le tribun *Milon* eut recours aux mêmes procédés. Une véritable guerre de rues s'engagea entre les deux chefs de bandes.

POMPÉE ET LES RÉPUBLICAINS

Cependant les républicains sincères étaient divisés et hésitants sur l'attitude à prendre. Les uns, comme Cicéron revenu d'exil, étaient disposés à s'entendre avec Pompée pour combattre les ambitieux et les démagogues : ils estimaient que Pompée n'était pas homme à détruire les institutions républicaines. Les autres, plus intransigeants, jugeaient Pompée aussi dangereux que César ou Clodius : à leur tête était *Caton*. Arrière-petit-fils de Caton le Censeur, il semblait avoir hérité du caractère de son bisaïeul. C'était un homme probe et austère : on le voyait, pour réagir contre le luxe de son temps, ne porter que des vêtements de couleur sombre et aller nu-pieds au Forum; dans les distributions au peuple, il ne voulait donner que des raves et des oignons. En politique, il était raide et cassant jusqu'à la maladresse; il attaqua Pompée au Sénat avec autant d'acharnement qu'il avait attaqué César.

Photo Alinari.

CATON D'UTIQUE.
Musée du Capitole.

Ce visage à l'expression maussade, chagrine, est un portrait vraisemblable de Caton, qui fut, à la fin de la République, le défenseur le plus intransigeant, mais aussi le plus maladroit, de la tradition républicaine.

Le résultat fut que Pompée et Crassus se rapprochèrent de César. A l'entrevue de *Lucques* (56), le triumvirat fut resserré : il fut décidé que Pompée et Crassus seraient consuls en 55 et se feraient donner pour cinq ans le gouvernement : l'un de l'Espagne, l'autre de la Syrie, tandis que les pouvoirs de César en Gaule seraient prolongés de cinq ans également. Malgré l'opposition acharnée de Caton, les décisions de Lucques furent ratifiées par le peuple.

POMPÉE SEUL CONSUL

Dans les années suivantes, Pompée demeura à Rome, prodiguant les largesses au peuple. Mais, par la mort de sa femme Julie, fille de César, le principal lien qui unissait les deux hommes se trouva rompu. Puis, en 53, Crassus périt avec presque toute son armée dans les déserts de Mésopotamie sous les coups des *Parthes*. Alors

Pompée manœuvra pour rester seul maître du pouvoir.

Il y parvint, grâce aux excès commis par les démagogues. Un jour de janvier 52, Clodius fut tué par les hommes de Milon. Ce fut le signal de scènes de violence telles que Rome n'en avait pas encore vues : les amis de Clodius brûlèrent son cadavre dans la Curie : le feu se communiqua au bâtiment et à la basilique voisine; puis ils attaquèrent la maison de Milon et

Photo Hachette.

MONNAIE D'UN ROI DES PARTHES.

Bibliothèque Nationale. Cabinet des Médailles.

L'effigie est celle d'un roi Parthe du deuxième siècle. Au revers, un archer tendant l'arc et vêtu d'un costume analogue à celui des archers perses. Les Parthes étaient réputés surtout pour leur adresse à tirer de l'arc à cheval. Scythes d'origine, établis au sud de la mer Caspienne, ils furent en Asie les plus redoutables adversaires des Romains auxquels ils infligèrent de sanglants échecs, tel celui de l'année 53 qui se termina par la retraite et la mort de Crassus.

essayèrent de l'incendier; on se battit à coups de frondes et de flèches. Le Sénat épouvanté fit appel à Pompée pour rétablir l'ordre.

Pompée fut nommé *seul consul* avec le droit de vie et de mort sur tous, même sur les citoyens, l'autorisation de lever des troupes en Italie et de puiser à son gré dans le Trésor. Il était en fait tout-puissant sans qu'on pût le taxer de tyrannie, puisque ses pouvoirs lui avaient été légalement conférés par le Sénat. Il était l'homme nécessaire sans l'appui duquel l'État ne pouvait subsister. Sa vanité était satisfaite.

RUPTURE ENTRE CÉSAR ET POMPÉE

Pompée n'avait plus qu'un rival, César; avec l'aide du Sénat, il crut qu'il lui serait facile de le perdre. Pour cela, le meilleur moyen était de contraindre César à revenir à Rome, comme un simple particulier, *sans armée et sans pouvoir officiel*: on ne manquerait pas de prétextes alors pour le mettre en accusation.

Mais César n'était pas homme à se laisser désarmer. Son pouvoir proconsulaire expirait en mars 49 : il prétendit le garder jusqu'aux élections de juillet 49. Le Sénat refusa. César offrit alors de déposer tous ses pouvoirs pourvu que Pompée fît de même. Ses offres furent écartées. En vain Cicéron essaya de s'entremettre pour éviter la guerre civile. Les plus intransigeants l'emportèrent : ils firent déclarer *César ennemi public* et remirent à Pompée le soin de le combattre.

LA GUERRE CIVILE

Aveuglé par sa vanité et la confiance qu'il avait en lui-même, Pompée ne soupçonnait pas la supériorité de son rival : il avait dit en plein Sénat qu' « il n'aurait qu'à frapper la terre du pied pour remplir l'Italie de ses légions. » Mais César, par l'audace et la rapidité foudroyante de son attaque, déjoua tous ses plans.

A la tête de troupes peu nombreuses, mais sûres, César décida de marcher sur Rome sans délai. *La loi lui interdisait de franchir le Rubicon* qui formait la limite de sa province : il le franchit cependant par une nuit de janvier 49, et envahit l'Italie. Cette nouvelle provoqua dans Rome une véritable panique. Pompée, qui avait à peine commencé ses préparatifs militaires, battit en retraite sur Brindes, d'où il s'embarqua pour la Grèce. Les consuls et la majorité des sénateurs le suivirent. *Par crainte de César, tous les républicains, même Caton, firent cause commune avec Pompée.*

BATAILLE DE PHARSALE

Presque sans coup férir, César se trouva maître de Rome et de l'Italie. Avant d'attaquer Pompée en Grèce, il jugea prudent de disperser les armées que les lieutenants de Pompée avaient réunies en Espagne, de façon à ne pas être lui-même attaqué dans le dos. Il y parvint, non sans de rudes combats dont les principaux eurent lieu près de *Lerida*. Revenu en Italie, il franchit l'Adriatique avec son armée, bien qu'on fût en plein hiver, et débarqua en Epire (décembre 49).

Pompée avait eu le temps de réunir une grande armée, — neuf légions, sept mille cavaliers, de nombreux corps d'auxiliaires levés en Grèce et en Asie —. Son entourage était sûr de la victoire : certains se disputaient déjà la charge de Grand Pontife que César possédait; « d'autres, raconte Plutarque, avaient envoyé retenir à Rome des maisons dignes de consuls ou de préteurs, ne doutant pas que ces charges allaient leur revenir après la guerre ». Tous ces espoirs furent brutalement dissipés par la bataille de ***Pharsale***, en Thessalie. César remporta une victoire écrasante : 15 000 Pompéiens furent tues, plus de 20 000 se rendirent.

« On trouva, dans le camp, des tables à trois lits toutes dressées, des buffets chargés d'argenterie, des tentes couvertes de gazon frais, quelques-unes même ombragées par des guirlandes de lierre ; il était aisé de voir, à tant de luxe frivole, qu'ils n'avaient conçu aucun doute sur le succès ; et cependant ils accusaient de mollesse l'armée de César si pauvre, mais si forte, et qui toujours avait manqué même du nécessaire. » (CÉSAR, *Guerre civile*, liv. III, trad. Artaud, Garnier éd.)

CÉSAR EN ÉGYPTE ET EN ASIE

Pompée avai réussi à s'enfuir et s'était embarqué pour l'Egypte. César résolut aussitôt de l'y poursuivre, mais, quand il aborda en Égypte, il apprit que Pompée avait été traîtreusement assassiné par ordre des ministres égyptiens, dans la barque même qui l'amenait au rivage

César resta quelque temps à Alexandrie, pour pacifier le royaume — véritable protectorat romain — que se disputaient alors le jeune roi *Ptolémée XII* et sa sœur *Cléopâtre*. Il prit parti pour Cléopâtre. Mais ses décisions provoquerent dans la capitale égyptienne une insurrection si violente qu'il se trouva un moment en sérieux danger. Par son énergie, il réussit cependant à contenir la révolte jusqu'à ce que l'arrivée de renforts lui permît enfin de l'écraser (47). D'Égypte, il marcha sur l'Asie Mineure où *Pharnace*, fils de Mithridate, avait recommencé la guerre. La campagne fut si rapide que César put écrire à un ami : « *Veni, vidi, vici.* — Je suis venu, j'ai vu, j'ai vaincu. »

THAPSUS ET MUNDA

Pendant ce temps, les Pompéiens et les républicains s'étaient réorganisés. Ils avaient concentré en Afrique une nouvelle armée, avaient obtenu l'alliance de *Juba*, roi de Numidie et songeaient à attaquer l'Italie. César les prévint. Il débarqua sur la côte de Tunisie et détruisit l'armée pompéienne près de la ville de ***Thapsus*** (46).

Caton, qui défendait la ville d'Utique, résolut alors de se tuer : « Après avoir soupé et congédié ses convives, Caton se couche, prend le dialogue de Platon sur l'âme, et, après en avoir lu la plus grande partie, il regarde au-dessus de son chevet. Comme il n'y

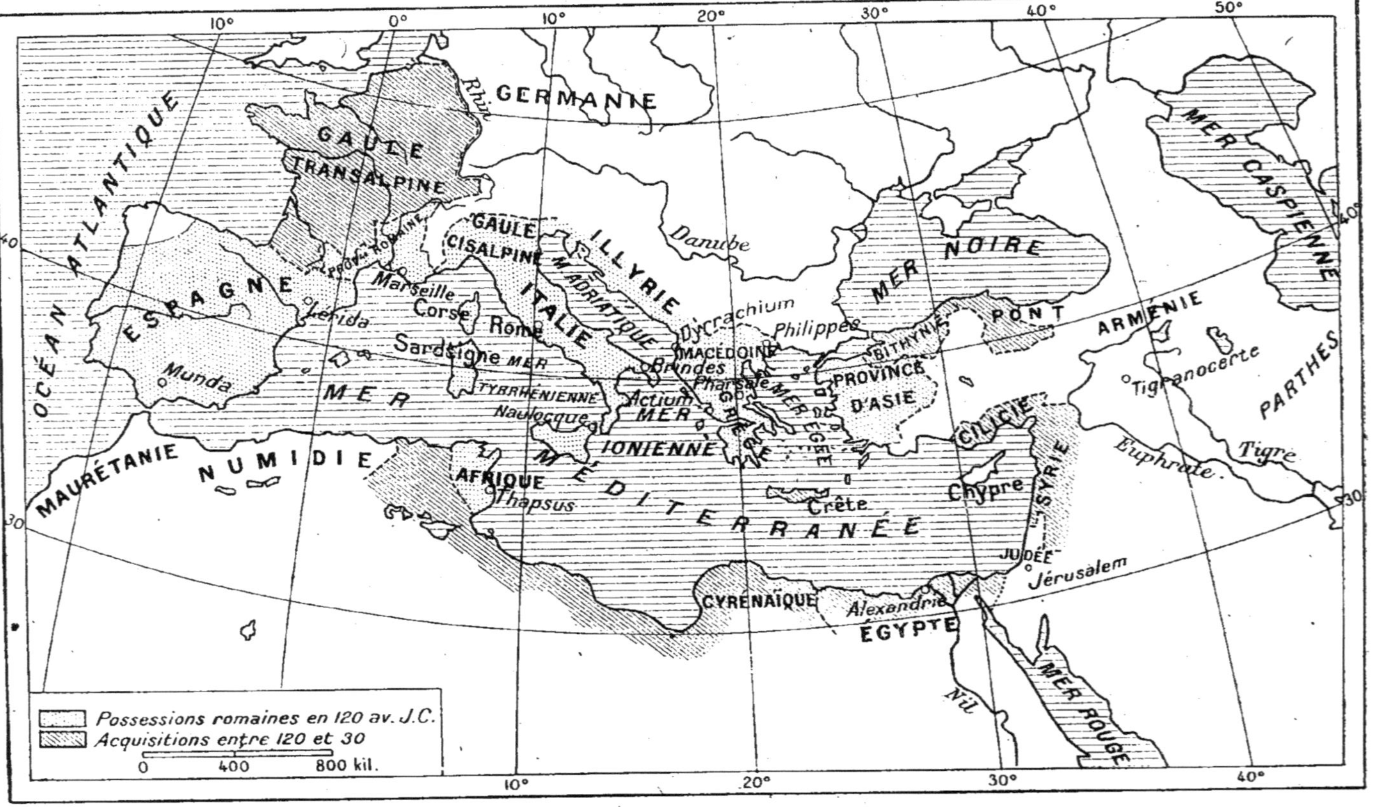

LE MONDE ROMAIN AU TEMPS DE CÉSAR.

voit pas son épée, enlevée par son fils pendant le souper, il appelle un esclave et lui demande qui a pris son épée »; il se la fait apporter malgré les pleurs de son fils et de ses amis; « il la prend, la tire du fourreau et l'examine; puis, voyant que la pointe en est acérée et le tranchant effilé : « Et maintenant je suis mon maître », dit-il. Il place alors l'épée auprès de lui, reprend son livre et le lit. Puis il tire son épée et se l'enfonce dans la poitrine... Il ne se tue pas sur-le-champ; dans son agonie, il tombe du lit et fait un grand bruit... Les esclaves l'entendent, jettent un cri, et le fils et les amis de Caton pénètrent aussitôt dans la chambre. Ils le trouvent baigné dans son sang, vivant encore et les yeux ouverts. » Le médecin bande la plaie, mais quand Caton revient à lui « il repousse le médecin, rouvre la plaie et expire. » (PLUTARQUE, *Vie de Caton d'Utique*, trad. Talbot.)

Rentré à Rome, César célébra un *quadruple triomphe* en l'honneur de ses victoires, non sur les Romains, mais sur la Gaule, l'Égypte, Pharnace et Juba. Il y eut des fêtes d'un luxe inouï, un festin gigantesque où l'on compta jusqu'à 22 000 tables. Mais les adversaires de César ne voulaient pas encore s'avouer vaincus : Labienus, son ancien lieutenant, et les deux fils de Pompée avaient réussi à passer en Espagne et à s'y établir solidement. César marcha contre eux et les rencontra dans le sud de l'Espagne à ***Munda*** : La bataille fut si acharnée que César lui-même dut payer de sa personne et dégainer; mais sa victoire fut complète et décisive. *La guerre civile était terminée* (45).

DICTATURE DE CÉSAR

Par tant de victoires, remportées dans les conditions les plus difficiles, sur des armées romaines plus nombreuses que la sienne, sur les capitaines les plus réputés, César s'était imposé comme le maître tout-puissant. Après chaque victoire, les Romains dociles lui décernèrent de nouveaux pouvoirs et de nouveaux honneurs. En 49, au retour d'Espagne, il fut nommé *consul*; après Pharsale, *dictateur* pour un an; après Thapsus, pour dix ans; après Munda, pour toute sa vie. César reçut aussi, avec le droit de le porter en prénom, le titre d'*Imperator* qui rappelait le pouvoir militaire absolu — *imperium* — dont il était revêtu. Il cumula toutes les charges et tous les pouvoirs : il était déjà *grand pontife*, il fut encore *consul*, censeur sous le nom de *préfet des mœurs*; étant patricien, il ne pouvait pas être élu au tribunat, mais on lui en donna tous les privilèges. Enfin il reçut le pouvoir de faire des lois, de juger sans appel, de nommer les consuls et la plupart des magistrats. Il était donc souverain absolu, plus que n'avait été Sylla lui-même.

Photo Alinari.

CHAR ANTIQUE EN MARBRE.
Musée du Vatican.

Ce char attelé de deux chevaux a la forme des chars de guerre grecs ; les triomphateurs *faisaient leur entrée dans Rome sur un char de forme analogue.*

LA POLITIQUE DE CLÉMENCE

D'ailleurs César ne voulait pas être un Sylla. Il avait à la fois de plus hautes visées et plus de grandeur d'âme. Au lieu d'inaugurer sa dictature par des proscriptions et des massacres comme chacun s'y attendait, il chercha à rallier ses adversaires et à se concilier tous les partis par sa clémence. « *Je ne veux pas*, écrivait-il, *imiter Sylla. Inaugurons une nouvelle façon de vaincre et cherchons notre sûreté dans la clémence et la douceur.* » Il pardonna même à ses adversaires les plus acharnés, parmi lesquels le neveu de Caton, *Brutus*, et n'hésita pas à leur confier les plus hautes charges Cicéron, qui pourtant avait suivi le parti de Pompée, garda l'amitié de César et chaque fois qu'il l'implora en faveur d'un Pompéien, le dictateur fit grâce.

LES RÉFORMES

Avec une activité prodigieuse, César entreprit de réorganiser l'Etat. Il s'occupa de toutes les questions, politiques, judiciaires, économiques, sociales, et partout exécuta ou commença de profondes réformes. *Cet immense labeur fut accompli en quinze mois à*

CÉSAR DICTATEUR.

Collection Stroganof, Rome.

Ce buste en marbre a été exécuté pendant le séjour de César en Égypte auprès de la reine Cléopâtre (48-47 av. J.-C.). Il paraît être un portrait plus exact encore que le buste reproduit à la page 210. La figure, de traits beaucoup moins réguliers, est aussi creusée, mais sillonnée de rides plus profondes. César n'a encore que cinquante-quatre ans, mais il est vieilli avant l'âge. Ce masque tourmenté garde un caractère impérieux et dominateur.

peine, au retour des campagnes de Thapsus et de Munda.

Pour rétablir l'ordre à Rome, César promulgua des lois sévères contre les agitateurs et interdit les associations.

L'administration des provinces fut améliorée. César retira aux publicains le droit de percevoir les impôts directs. Les gouverneurs de province ne furent plus nommés que pour un an ou deux. Les plus malhonnêtes furent rayés de l'ordre sénatorial.

Les villes d'Italie reçurent toutes la même organisation : elles furent des *municipes*, c'est-à-dire que leur administration fut confiée à des magistrats élus par les habitants de la ville.

Le temps lui-même fut mieux réglé par la *réforme du calendrier*. Après avoir consulté les savants, César fit adopter l'année de 365 jours, augmentée d'un jour tous les quatre ans. Ce calendrier *julien* — de son nom de Jules — est resté en usage jusqu'à nos jours[1].

Reprenant la politique des Gracques, César se préoccupa aussi d'améliorer le sort du peuple. Il réduisit les dettes. Il força les propriétaires à employer sur leurs domaines des hommes libres. Il donna du travail aux pauvres en faisant commencer de grands travaux publics; il voulait embellir Rome de nouveaux monuments — un théâtre, un temple à Mars, une grande bibliothèque —, dessécher les marais Pontins, agrandir le port d'Ostie, percer l'isthme de Corinthe. Enfin il fonda des colonies hors d'Italie dans toutes les provinces, en Asie Mineure, en Grèce — à Corinthe —, en Afrique — à Carthage —, les plus nombreuses en Gaule et en Espagne.

L'IDÉE DE L'UNITÉ ROMAINE

Les plus importantes de ces réformes, la loi municipale, la fondation des colonies dans les provinces, nous montrent quel était le but visé par César. Il se proposait non pas seulement de rétablir l'ordre et de diminuer la misère, mais de ***romaniser les provinces*** et d'***unifier le monde romain***. Les colonies devaient répandre dans les provinces, comme auparavant en Italie, la langue, les idées, les institutions romaines. En outre, César accorda le droit de cité romaine à toute la Gaule cisalpine, à plusieurs villes d'Espagne, à de nombreux provinciaux; il fit entrer au Sénat des Gaulois et des Espagnols. Il prévoyait qu'un jour viendrait où les provinces romanisées par les mêmes méthodes que l'Italie pourraient recevoir comme elles le droit de cité et un régime municipal uniforme. Ainsi il n'y aurait plus dans le monde romain des vainqueurs et des vaincus, mais un seul peuple. C'était la même ***politique de fusion*** qu'avait jadis tentée Alexandre, le héros de prédilection de César.

1. Il a été légèrement modifié au seizième siècle par le pape Grégoire XIII : d'où son nom actuel de calendrier *grégorien*.

VERS LA MONARCHIE

Mais en même temps César projetait une autre transformation, un changement si hardi que personne jusque-là n'avait osé l'envisager à Rome : le *remplacement de la République par la monarchie.* L'histoire des cent dernières années montrait que ni le parti sénatorial ni le parti populaire n'arrivait à bien gouverner l'État : depuis les Gracques il n'y avait eu que troubles et guerres civiles. César pensait que seul un roi absolu comme les rois de l'Orient pourrait maintenir l'ordre à Rome et dans un aussi vaste empire : il voulait être ce roi.

C'est pourquoi les institutions républicaines furent, sinon supprimées, du moins réduites à rien et César montra ouvertement le mépris où il les tenait. Le Sénat perdit toute importance, et le plus souvent César ne le consulta pas. Les réunions des Comices ne furent plus que de simples formalités, puisque César faisait la loi et désignait les magistrats à sa guise. Une année même, en 47, il lui arriva de ne nommer ni consuls, ni préteurs, ni questeurs.

« Au mépris des anciens usages, dit l'historien latin Suétone, il chargea ses propres esclaves de l'intendance des monnaies et des impôts, et confia le commandement des trois légions qu'il laissait à Alexandrie à Rufion, fils de son affranchi. » Il disait publiquement que « la république n'était qu'un vain mot et que Sylla avait été un enfant de renoncer à la dictature. » Dans un sacrifice, l'haruspice l'avertissant que les entrailles annonçaient un malheur, il dit qu' « elles annonceraient un bonheur s'il le voulait. » (SUÉTONE, *Vie de César*, trad. Pessonneaux, Charpentier éd.)

Pour la même raison, César se fit accorder des honneurs extraordinaires. Les rois absolus d'Orient étaient considérés non comme de simples mortels, mais comme des *dieux* ; César, ainsi qu'Alexandre avant lui, essaya de persuader à ses sujets, par des signes visibles, qu'il était plus qu'un homme.

Déjà il avait élevé une statue à Vénus-Mère, c'est-à-dire Vénus ancêtre de la famille des Julii dont il faisait partie ; il fit placer sa statue dans le temple de Quirinus [Romulus déifié] et sa maison sur le Palatin porta un fronton comme un temple. « Non content, dit Suétone, d'accepter des honneurs excessifs.. il souffrit qu'on lui accordât des distinctions supérieures aux grandeurs humaines : un siège d'or dans le sénat et au forum, un char et un brancard dans les pompes du cirque, un coussin [comme ceux sur lesquels on plaçait les statues des dieux], des statues auprès de celles des dieux, des temples, des autels, des flamines...., il donna même son nom à un mois de l'année [juillet]. » (D'après SUÉTONE, *Vie de César*, trad. Pessonneaux, Charpentier éd.)

ASSASSINAT DE CÉSAR

Cependant il y avait à Rome des républicains que cette politique indignait. Le peuple lui-même, encore attaché à ses vieilles institutions, ne voulait pas d'un roi à la manière des despotes orientaux. Au cours d'une fête populaire, le consul *Marc Antoine* ayant présenté à César le diadème royal, à peine quelques complices applaudirent, puis, comme César mécontent repoussait le diadème, il y eut un tonnerre d'applaudissements.

Photo Hachette.

BRUTUS.

D'après une monnaie de la Bibliothèque Nationale.

Neveu de Caton, Marcus Brutus tenait de lui l'attachement à la tradition et aux vertus républicaines, le goût de l'austérité, mais aussi l'étroitesse d'esprit et l'absence de grandes vues politiques. Cette tête longue, osseuse, surmontant un cou maigre et presque décharné, est bien celle d'un fanatique, tourmenté par la foi ardente qui fit de lui un meurtrier.

Quelques républicains crurent alors que la République serait sauvée si César disparaissait. Ils formèrent un complot dont les chefs furent *Cassius*, un ancien lieutenant de Crassus, et le neveu de Caton, le vertueux *Brutus*. Celui-ci hésitait, car César l'avait comblé de faveurs, mais les républicains le pressaient d'agir. Pendant la nuit, le siège où il rendait la justice comme préteur était couvert d'inscriptions qui disaient : « Tu dors, Brutus ! » ou bien « Non, tu n'es pas Brutus ! » Il se décida enfin, et les conjurés résolurent de tuer César en plein Sénat le jour des *ides de mars* (15 mars 44). César, qui dédaignait de se garder, vint au Sénat et fut assassiné.

« Au moment où César entre, raconte Plutarque, le Sénat s'incline et se lève pour lui faire honneur. Des complices de Brutus les uns entourent par derrière le siège de César, les autres vont au-devant de lui, comme pour joindre leurs instances à celles de Tullius Cimber, qui demande le rappel de son frère exilé. César, en s'asseyant, repousse leurs prières, et, comme ils le pressent plus vivement, il s'emporte contre chacun d'eux. Alors Tullius lui prend la toge des deux mains et la lui ramène au bas du cou ; c'était le signal de l'attaque. Casca, le premier, le frappe de son épée le long du cou : mais la blessure n'est ni mortelle, ni profonde. César se retourne, saisit l'épée et l'arrête. Tous deux s'écrient en même temps, la victime en latin : « Scélérat de Casca, que fais-tu? » et le meurtrier en grec à son frère : « Frère, au secours! »... Cependant les conjurés tirent chacun leur épée, font cercle et environnent César; partout où se tournent ses regards, il ne trouve que fers qui le frappent aux yeux et au visage... Quelques-uns racontent que César n'a pas plus tôt aperçu Brutus l'épée nue, qu'il s'enveloppe la tête de son manteau et s'abandonne aux coups;... plusieurs des conjurés se blessèrent les uns les autres en frappant tant de coups sur un seul corps ». (PLUTARQUE, *Vie de César*, trad. Talbot.)

Photo Hachette.

MONNAIE DE CÉSAR DICTATEUR.

Bibliothèque Nationale. Cabinet des Médailles.

Le dictateur, dont on reconnaît le visage maigre et impérieux, porte une couronne de lauriers. On lit en exergue : Caesar dict (ator) in perpetuo — *César, dictateur à vie. — Au revers de la médaille, divers insignes de la toute puissance, le faisceau de verges et le caducée entre-croisés, le globe, la hache, et deux mains qui s'étreignent.*

CHAPITRE XX

LA FIN DES GUERRES CIVILES
RIVALITÉ D'ANTOINE ET D'OCTAVE

La mort de César ne sauva pas la République. Le lieutenant de César, Marc Antoine, et l'héritier de César, Octave, s'unirent pour écraser les républicains à la bataille de Philippes (42).

Puis les vainqueurs se partagèrent le territoire romain, Octave eut l'Occident qu'il gouverna très bien. Antoine eut l'Orient qu'il gouverna très mal.

La lutte pour la domination suprême finit par s'engager entre Antoine et Octave. Vainqueur à Actium (31), Octave resta seul maître. Sa victoire marque la fin des guerres civiles et la fin de la République.

ROME APRÈS LA MORT DE CÉSAR

A l'annonce que César avait été tué, le peuple resta presque indifferent. Les conjurés, déconçertés, se retirèrent sur le Capitole sans savoir quel parti prendre.

Le consul ***Marc Antoine***, qui avait été le lieutenant et l'ami de César, sut profiter de leur inaction. Appuyé sur les troupes qui étaient cantonnées près de Rome, il se fit livrer les papiers de César et mit la main sur le Trésor public. Pour prévenir la guerre civile, Cicéron tenta une fois de plus de réconcilier les adversaires : il fit décider par le Sénat que toutes les mesures prises par César seraient maintenues et que les conjurés ne seraient pas inquiétés Mais Antoine réussit à ameuter le peuple contre les meurtriers de César et les obligea à s'enfuir.

Le jour des funérailles de César, dit Plutarque, « quand on a ouvert le testament de César, et qu'on trouve qu'il a fait à chaque Romain un legs considérable, quand on voit porter à travers le Forum son corps déchiré de plaies, le peuple ne connaît ni mesure, ni frein ; on amoncelle autour du cadavre des bancs, des barrières et des tables prises sur la place, on l'y place à l'endroit même et on le brûle sur ce bûcher. Prenant ensuite des tisons embrasés, on court aux maisons des meurtriers pour y mettre le feu ; d'autres fouillent toute la ville pour prendre et mettre en pièces les meurtriers eux-mêmes, mais on ne peut les découvrir, et ils se tiennent tous bien cachés. » Brutus et Cassius, effrayés de cette fureur populaire, sortirent de la ville peu de jours après. (PLUTARQUE, *Vie de César*, trad. Talbot.)

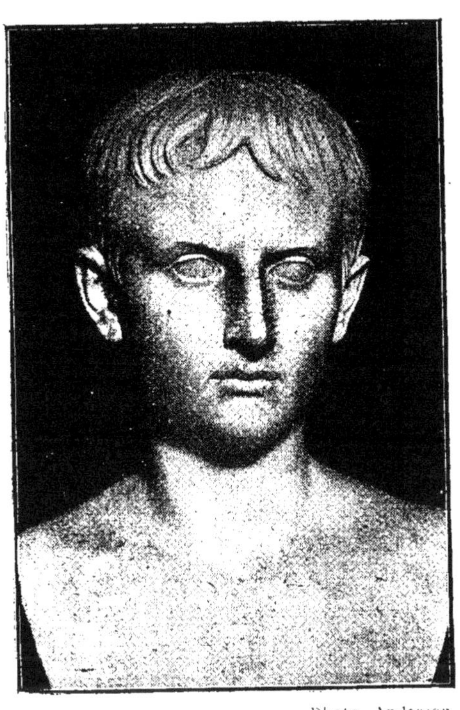

Photo Anderson.

OCTAVE JEUNE.
Musée du Vatican.

Octave était le fils d'une nièce de César. Il avait dix-neuf ans quand il apprit que César l'avait adopté par testament et institué son héritier. Treize ans plus tard, à trente-deux ans, il était le maître du monde civilisé, ayant su triompher de tous les obstacles à force de patience, de sang froid, de calcul et de ténacité. Le visage, de lignes très pures, a une expression froide et résolue.

ANTOINE ET OCTAVE

Antoine restait maître du pouvoir. C'était un rude soldat, taillé en hercule, d'ailleurs très brave et qui s'était bien battu en Syrie, en Gaule[1], à Pharsale, mais grossier, aimant les plaisirs et le vin, avide d'argent et d'honneurs. Il était tout occupé à trafiquer des fonctions et des titres pour se créer des protégés et s'enrichir rapidement, lorsque soudain il se trouva en présence d'un rival imprévu, le petit-neveu et héritier de César, ***Octave***.

Octave était un tout jeune homme de dix-neuf ans. Il se trouvait en Grèce au moment de la mort de César. Il arrivait à Rome réclamer son héritage. Petit et chétif, boitant légèrement, il ne payait pas de mine : cet adolescent qui parlait en

1. V. ci-dessus le récit de la bataille devant Alésia par César, page 225.

cherchant ses mots, qui avait peur de l'obscurité et du tonnerre, ne semblait pas un adversaire dangereux pour un homme comme Antoine. Mais Octave était précoce, il avait le sens de la politique, une intelligence lucide et souple. Il se montra d'abord modeste, déférant à l'égard du Sénat, docile aux conseils de Cicéron. Celui-ci qui, depuis la mort de César, avait repris une grande autorité dans l'État et qui détestait la tyrannie grossière d'un Antoine, crut habile de se servir d'Octave pour la renverser.

GUERRE DE MODÈNE DEUXIÈME TRIUMVIRAT

Cependant la guerre civile avait recommencé. Antoine était parti en Gaule Cisalpine pour chasser de cette province un des conjurés qui en était gouverneur. Mais lui-même fut attaqué par Octave et, après une courte campagne autour de *Modène*, il dut se réfugier en Gaule Transalpine (avril 43).

La République paraissait sauvée. En réalité, la victoire d'Octave allait lui porter le dernier coup. Le jeune vainqueur demanda le consulat; le Sénat, qui pensait n'avoir plus besoin de lui, refusa dédaigneusement. Alors Octave, changeant d'attitude, fit preuve d'une audace inattendue : suivant l'exemple de Sylla et de César, il entra dans Rome à la tête de ses légions et se fit nommer consul par le peuple.

Mais Antoine, pendant ce temps, avait réuni une nombreuse armée et rallié à sa cause *Lépide*, l'ancien maître de la cavalerie de César, gouverneur de l'Espagne du Nord et de la Narbonnaise. Octave jugea plus prudent de ne pas les combattre et de s'entendre avec eux. A l'*entrevue de Bologne*, Antoine, Lépide et Octave décidèrent de former un ***deuxième triumvirat*** : ce triumvirat ne fut pas, comme le premier[1], un simple accord entre particuliers, il eut le caractère d'une *magistrature officiellement conférée pour cinq ans* par le peuple. Antoine, Lépide et Octave portèrent le titre de *triumvirs chargés d'organiser la République* et disposèrent d'un pouvoir absolu (octobre 43).

LES PROSCRIPTIONS

Les triumvirs commencèrent par déclarer qu'ils n'imiteraient pas la clémence de César : à l'exemple de Sylla, ils publièrent des *listes de proscrits* et firent massacrer leurs adversaires.

La première liste affichée était précédée de cette déclaration :

1. Voir ci-dessus, page 212.

« Si ceux que César, dans sa clémence, avait sauvés, enrichis et comblés d'honneurs après leur défaite, n'étaient pas devenus ses meurtriers, nous aussi nous oublierions ceux qui nous ont fait déclarer ennemis publics. Eclairés par l'exemple de César, nous préviendrons nos ennemis avant qu'ils nous surprennent... Prêts à entreprendre au-delà des mers une expédition contre les parricides, il nous a semblé et il vous paraîtra nécessaire que nous ne laissions point d'ennemis derrière nous... Voici ce que nous ordonnons : Que personne ne cache aucun de ceux dont les noms suivent ; celui qui aidera à l'évasion d'un proscrit sera proscrit lui même. Que les têtes nous soient accordées. En récompense, l'homme de condition libre recevra 80 000 francs, l'esclave 32 000 francs, plus la liberté et le titre de citoyen. Les noms des meurtriers et des dénonciateurs seront tenus secrets. » Par un raffinement de cruauté, les triumvirs inscrivirent en tête de la première liste le père de Lépide, le tuteur d'Octave et l'oncle d'Antoine.

MORT DE CICÉRON

Environ 150 sénateurs et 2000 chevaliers furent égorgés. La plus illustre victime fut Cicéron, à qui Antoine ne pardonnait pas les discours d'une extrême violence que le grand orateur avait prononcés contre lui, les *Philippiques*[1].

Cicéron était sur le point de s'embarquer pour la Grèce afin de rejoindre Brutus, quand les meurtriers, conduits par le centurion Herennius, arrivèrent à sa maison de campagne.

« Cicéron qui avait entendu la course précipitée d'Herennius ordonne à ses domestiques de déposer la litière. Il porte la main gauche à son menton, geste qui lui était habituel et regarde fixement les meurtriers ; ses cheveux en désordre et souillés, son visage altéré par les inquiétudes inspiraient tant de pitié que les soldats se couvrirent les yeux pendant qu'Herennius l'égorgeait. Il avait lui-même tendu la tête hors de la litière. Herennius, d'après l'ordre d'Antoine, lui coupa la tête, et il lui coupa aussi les mains avec lesquelles il avait écrit les « Philippiques ». (PLUTARQUE. *Vie de Cicéron*, trad. Talbot.)

Ainsi mourut Cicéron, à l'âge de soixante-quatre ans. Il avait été non seulement un des principaux hommes d'État de son temps, un des meilleurs défenseurs de la République, mais aussi le plus grand orateur que l'on eût entendu sur le Forum, le plus fécond écrivain de la littérature latine. Orateur, il a laissé de nombreux discours dont les principaux sont les cinq *Verrines*, les quatre *Catilinaires*, les quatorze *Philippiques*, le plaidoyer pour *Milon*, meurtrier de Clodius. Ecrivain, il a publié

1. Appelés ainsi par Cicéron en souvenir des discours prononcés par Démosthène contre Philippe de Macédoine.

Photo Alinari

UN TOMBEAU ROMAIN AU PREMIER SIÈCLE AV. J. C.

Les proscriptions multiplièrent les deuils dans l'aristocratie sénatoriale. Les tombeaux construits à cette époque étaient parfois de véritables monuments, tel celui-ci qui se dresse en forme de tour à près de 20 mètres de hauteur; le diamètre atteint presque 30 mètres — (les créneaux ont été ajoutés postérieurement). C'est le tombeau d'une dame noble, Cæcilia Metella, belle-fille du triumvir Crassus.

plusieurs traités sur l'éloquence, et d'autres où il exposait ses idées politiques et philosophiques. Enfin on a conservé de lui plus de 800 lettres qui sont pleines de verve et qui contiennent des renseignements précieux sur la société romaine de cette période.

BATAILLE DE PHILIPPES

Débarrassés de tous ceux qu'ils pouvaient redouter en Italie, les triumvirs se tournèrent contre Brutus et Cassius qui s'étaient rendus maîtres de la Grèce et de l'Orient. Laissant Lépide à Rome Antoine et Octave passèrent en Grèce avec leur armée et offrirent la bataille aux républicains dans la plaine de ***Philippes*** en Macédoine. Dans un premier engagement qui fut indécis, Cassius croyant à la défaite, se fit tuer par un esclave. Quelques jours plus tard, Brutus attaqua de nouveau, fut complètement battu, et se tua lui aussi. On raconte qu'en se jetant sur son épée, il s'écria amèrement : « Vertu, tu n'es qu'un mot ! » (42).

La République avait perdu ses derniers défenseurs.

TRAITÉ DE BRINDES

Après la victoire de Philippes, Antoine resta en Orient pour rétablir l'ordre. Octave revint en Italie et s'y trouva aux prises avec de grandes difficultés : pour distribuer des terres à ses vétérans, il expropria beaucoup de cultivateurs italiens, ce qui provoqua des troubles dans la population. Ses ennemis avoués ou secrets, parmi lesquels le propre frère d'Antoine, le consul *L. Antonius*, voulurent en profiter pour le renverser, et de nouveau la guerre civile éclata (41). Antonius, cerné dans *Pérouse*, dut capituler ; tous ses partisans furent massacrés.

Photo Giraudon.

OCTAVIE.

Musée du Louvre.

La sœur aînée d'Octave, Octavie, fut le gage de la réconciliation qui se fit à Brindes entre Octave et Antoine (40). Elle devint la femme de Marc Antoine. Délaissée puis répudiée par son mari, elle fit preuve dans son malheur de beaucoup de dignité et des plus rares vertus. Il y a de la fermeté dans ce profil très net : la sœur était digne du frère.

Pendant ce temps, Antoine avait levé des tributs énormes sur les Orientaux. Puis, comme César, il s'était laissé séduire par la reine d'Égypte, *Cléopâtre*, qu'il avait suivie dans son royaume. Tout à sa vie de plaisirs, il ne s'occupait plus de rien et laissait même les Parthes envahir la Syrie. Cependant, quand il apprit le massacre de Pérouse, il se hâta de revenir en Italie, et l'on crut que les deux vainqueurs de Philippes allaient engager une lutte décisive.

Ils se réconcilièrent pourtant et, par le *traité de Brindes* (40), procédèrent à un partage des provinces : Antoine eut pour sa part la Grèce et l'Orient; Octave, l'Italie, la Gaule et l'Espagne; Lépide eut l'Afrique. Pour que l'accord fût plus intime, Antoine épousa la sœur d'Octave, *Octavie*.

OCTAVE EN ITALIE

Après tant de bouleversements, de guerres civiles, de tueries, les populations n'avaient plus qu'un désir, mais un désir ardent : la paix, le retour à la vie normale, à l'ordre, au travail et aux distractions habituelles. Octave le comprit et il entreprit d'abord de rétablir la paix dans le territoire qu'il avait eu en partage, l'Occident.

Photo Alinari.

AGRIPPA.
Musée du Capitole.

Agrippa fut le meilleur collaborateur d'Octave. De naissance obscure, il parvint par son seul mérite aux plus hautes dignités. Habile général, il triompha de la revolte d'Antonius en Italie, battit Sextus Pompée à Naulocque et Antoine à Actium. Bon administrateur, il construisit des aqueducs, des thermes, et plus tard le temple du Panthéon. Très aimé d'Octave dont il épousa la fille Julie, il mourut en 12 av. J.-C. au retour d'une campagne sur le Danube.

Pour cela, il était nécessaire d'en finir avec un adversaire dangereux, un des fils de Pompée, *Sextus Pompée*. Échappé au désastre de Munda, celui-ci avait constitué une flotte puissante, s'était rendu maître de la Corse et de la Sicile, de sorte qu'il était en mesure d'arrêter tous les arrivages de blé et d'affamer l'Italie. Octave lui fit la guerre pendant deux ans (38-36) et d'abord, ne disposant que de flottes improvisées, il subit plusieurs échecs. Sans se décourager, avec une patience qui ne se lassait pas, il travailla à instruire ses équipages et à accroître ses forces navales. Son lieutenant *Agrippa* réussit enfin à remporter une victoire décisive à *Naulocque*, près de Messine (36). Peu de temps après, Sextus disparut, assassiné comme son père.

Après ce grand succès, Octave fut beaucoup plus puissant et

populaire en Italie. Sans grande difficulté, il se débarrassa de Lépide qui se posait en rival : il l'obligea à renoncer à son titre de triumvir et ne lui laissa que la charge de grand pontife. Pour ménager les Italiens, il acheta les terres qu'il donna à ses soldats. En même temps, il réprimait le brigandage, repoussait les incursions des peuplades alpines dans la plaine du Pô. L'agriculture commençait à renaître. Rome et l'Italie étaient bien ravitaillées. De grands travaux étaient entrepris pour remédier au chômage. Agrippa, édile en 33, répara les aqueducs, construisit 500 fontaines, donna des jeux magnifiques. Le peuple applaudissait, de jour en jour plus attaché au maître qui contentait tous ses désirs.

ANTOINE EN ORIENT

En Orient, Antoine était à la fois moins adroit et moins heureux dans ses entreprises. Pendant qu'Octave se débarrassait de Sextus Pompée, il échouait dans une grande expédition contre les Parthes (36). Peu lui importait d'ailleurs : devenu le jouet de Cléopâtre, il

Photo Hachette.

Antoine et Cléopâtre

Bibliothèque Nationale. Cabinet des Médailles.

A Alexandrie, devenue sa résidence favorite, Antoine fit frapper des monnaies portant son effigie et celle de Cléopâtre. C'est une de ces monnaies qui est reproduite ici (agrandie). Avec son front bas, son long nez pointu et son menton en galoche, Antoine a une physionomie assez vulgaire ; Cléopâtre, les cheveux ceints du bandeau royal, a un profil beaucoup plus fin, de type oriental.

oubliait tout à fait sa dignité de Romain ; il abandonnait Octavie pour vivre à Alexandrie auprès de la reine d'Égypte. Bien plus, *il osait démembrer le territoire romain en faveur de l'Égyptienne* : publiquement, il déclara céder aux enfants de Cléopâtre les provinces orientales, la Cilicie, la Syrie, l'Arménie, et, pour comble d'impudence, il exigea que le Sénat romain ratifiât ses actes (32).

SCÈNES NAVALES.
D'après des fresques de Pompéi.

D'après ces fresques, peintes au Ier siècle de l'ère chrétienne, on peut se représenter ce qu'était la flotte qui vainquit à Actium. La première fresque (en haut de la page) représente une flotte de guerre rentrant au port. Au-dessous, un navire garni de soldats en armes : les rameurs seuls sont en action, mais tous ces navires pouvaient se manœuvrer à la fois à la rame et à la voile.

RUPTURE D'OCTAVE ET D'ANTOINE

Octave saisit l'occasion qui s'offrait d'en finir avec le seul rival qui lui restât à vaincre. Il profita de la démarche d'Antoine pour soulever l'opinion publique contre lui et le faire passer pour un traître qui déshonorait le nom romain. Le testament d'Antoine, déposé chez les

Vestales, fut saisi, et le Sénat apprit avec indignation qu'Antoine, consul romain, demandait à être enterré à Alexandrie auprès de Cléopâtre. On fit courir le bruit que Cléopâtre allait régner à Rome, ou bien on disait qu'elle voulait détruire le Capitole et remplacer Rome par Alexandrie comme capitale du monde.

Alors Octave se fit conférer toute l'autorité militaire avec des pouvoirs extraordinaires, et le Sénat déclara la guerre; mais il la déclara à Cléopâtre et non à Antoine. *En réalité, c'était la dernière guerre civile, la lutte pour la domination suprême* qui s'engageait entre Octave et Antoine. Mais Octave avait été assez habile pour que cette lutte eût l'*apparence d'une guerre nationale*, d'une guerre de Rome contre l'Egypte, de l'Occident contre l'Orient.

BATAILLE D'ACTIUM

Il eût été de l'intérêt d'Antoine de combattre sur terre, il possédait une bonne et nombreuse armée, tandis que sa flotte ne valait pas celle d'Octave, bien entraînée par la campagne contre Sextus Pompée. Mais Cléopâtre, qui avait confiance dans ses navires égyptiens, exigea un combat naval, et Antoine céda.

« Longtemps avant qu'on en vînt aux mains, dit l'historien latin Velléius Paterculus, le parti de César pouvait se flatter de la victoire. D'un côté, tout était plein d'ardeur le chef et les soldats, et de l'autre tout était comme mort; ici des rameurs vigoureux, là des hommes affaiblis parce que tout leur manquait; d'une part des navires d'une médiocre grandeur, mais légers et rapides, de l'autre des vaisseaux qui n'avaient de terrible que l'apparence. On ne voyait personne passer du parti d'Octave à celui d'Antoine, mais tous les jours les déserteurs de l'armée d'Antoine grossissaient les troupes d'Octave. » (Velleius Paterculus, *Histoire romaine*, trad. Panckoucke.)

La bataille s'engagea le 2 septembre 31, devant le promontoire d'***Actium***, sur la rive occidentale de la Grèce. Soudain, au plus fort de la mêlée, Antoine vit tous les navires égyptiens virer de bord et s'éloigner vers le Sud : Cléopâtre, ne croyant plus à la victoire, avait jugé prudent de s'enfuir. Désespéré, Antoine abandonna tout, flotte et armée, pour la suivre. C'est ainsi qu'Octave put remporter une victoire décisive.

OCTAVE SEUL MAITRE

Sans hâte, après avoir pacifié la Grèce, Octave marcha sur l'Égypte. Autour d'Antoine, on ne songeait plus qu'à trahir, et Cléopâtre elle-même, pour obtenir sa grâce, négocia secrètement avec le vainqueur. Par deux fois, sur son ordre, les soldats égyptiens refusèrent de combattre; puis, comme elle avait fait courir le bruit qu'elle était morte, Antoine se tua. Alors Cléopâtre se crut sauvée; elle essaya d'apitoyer Octave et d'obtenir qu'il lui laissât son royaume d'Égypte. Mais Octave, froid et dédaigneux, lui dit simplement : « Ayez bon courage, femme, vous ne souffrirez aucun mal. » Son intention était de l'emmener à Rome pour orner son triomphe : Cléopâtre aima mieux se tuer que subir cet affront — on raconte qu'elle se fit piquer au bras par un aspic caché dans un panier de figues —.

Après avoir parcouru l'Asie Mineure et la Grèce, et réglé toutes les affaires d'Orient, Octave revint en Italie au début de l'an 29. Le peuple l'accueillit avec un enthousiasme débordant. Tous se réjouissaient à l'idée que les guerres civiles étaient terminées et le monde pacifié.

En réalité, c'était la fin, non-seulement des guerres civiles, mais de la République.

Octave, maître de l'Égypte.

Monnaie frappée pour commémorer la soumission de l'Égypte. D'un côté, effigie d'Octave qui porte le nom de César, son père adoptif ; de l'autre, crocodile symbolisant l'Égypte, avec cette légende : Ægypto capta — *Égypte conquise.*

TABLE DES GRAVURES ET DES CARTES

N. B. — *Les cartes sont indiquées en caractères italiques.*

*

CHAPITRE XVIII

CONQUÊTE DE LA GAULE PAR CÉSAR. LA RÉSISTANCE DE VERCINGÉTORIX

CHAPITRE XIX

RIVALITÉ DE CÉSAR ET DE POMPÉE. VICTOIRE ET DICTATURE DE CÉSAR

CHAPITRE XX

LA FIN DES GUERRES CIVILES. RIVALITÉ D'ANTOINE ET D'OCTAVE

TABLE DES MATIÈRES

www.ingramcontent.com/pod-product-compliance
Ingram Content Group UK Ltd.
Pitfield, Milton Keynes, MK11 3LW, UK
UKHW020318180726
13839UKWH00001B/491